Il sapore della vita
Der Geschmack des Lebens

Während einer Zugfahrt blickt Giulia in Gedanken auf ihre Kindheit und Jugend, ihr Leben zwischen zwei Welten zurück. Aufgewachsen ist sie in einer Kleinfamilie in der Lombardei, doch hat sie die langen Ferienwochen im Sommer stets in Apulien verbracht, der Heimat ihrer Eltern. Lebendig und anschaulich schildert Valeria Vairo die unterschiedlichen Mentalitäten, Gewohnheiten und Bräuche in den beiden gegensätzlichen Landstrichen, wobei sie den Traditionen der jeweiligen regionalen Küche besonderen Stellenwert beimisst. Denn mit den geographischen Gegebenheiten ändert sich nicht nur die Auswahl der Zutaten, sondern auch die Art ihrer Zubereitung. Wem bei der Lektüre das Wasser im Mund zusammenläuft, der kann sich auf das entsprechende Rezept am Ende der kleinen Geschichten freuen.

Valeria Vairo, geboren in Como, hat in Mailand Germanistik und Anglistik studiert und besitzt langjährige Erfahrung in interkulturellen Trainings und als Sprachlehrerin. Seit zwanzig Jahren ist sie als Journalistin für verschiedene Zeitschriften in Deutschland und Italien tätig. Nach ‹Profumo d'Italia› ist ‹Il sapore della vita› das zweite Buch der Autorin. (Internetseite: www.vairo.info)

Ina-Maria Martens, Übersetzerin für Englisch und Italienisch, hat für die Reihe dtv zweisprachig zahlreiche Texte ins Deutsche übertragen.

Il sapore della vita

Der Geschmack des Lebens

Erzählt von Valeria Vairo
Übersetzt von Ina-Maria Martens

dtv

Von Valeria Vairo ist außerdem bei dtv erschienen:
Profumo d'Italia. Ein Hauch Italien

7. Auflage 2026
dtv Verlagsgesellschaft mbH & Co. KG
Tumblingerstraße 21, 80337 München
produktsicherheit@dtv.de

Umschlaggestaltung: dtv
Satz: Greiner & Reichel, Köln
Druck und Bindung: Druckerei C.H.Beck, Nördlingen
Printed in Germany · ISBN 978-3-423-09531-0

IL SAPORE DELLA VITA

È il giorno della partenza. Un raggio di sole entra dalla finestra nel nostro *Kuschelecke*, l'angolo delle coccole, quella parte della casa che corrisponde all'*Erker*, la torre angolare che adorna molti edifici di Monaco di Baviera. La luce scivola sul pavimento e taglia il parquet in due, rimbalza su un Budda sorridente che medita placido sopra un mobile di lacca rossa. Alla fine il raggio si posa sul quadro di mio padre intitolato ‹Scalinata›, dove la grande scala di un paese del sud che vi è ritratta ne assorbe tutta la luminosità. Quel quadro mi fa sentire in Italia e mi incanto sempre a osservarlo.

Ora non ho tempo però, sto saltellando su un piede solo alla disperata ricerca della calza che non trovo. «Dove si è cacciata? Qualcuno ha visto una calza?». grido nella speranza di ottenere una risposta. «*Ruf ihn doch, vielleicht antwortet er dir!* (Chiamala, magari ti risponde!)» mi dice Thomas stufo del mio disordine cronico. «*Mama, meinst du den*? (Mamma, dici questa?)» interviene la vocina di mia figlia: tra il pollice e l'indice regge qualcosa. «*O mein Mäuschen, meine Süße*, grazie, mi salvi la vita» le rispondo con tenerezza. Mancano cinquanta minuti alla partenza del treno e non sono ancora vestita. Barbara mi porge la calza con un sorrisetto ironico, «*Mama, was würdest du nur ohne mich machen?*». Davvero! Cosa farei senza di lei! La guardo, è magrolina, ha i capelli scuri lunghi come i miei, ma gli occhi chiari di Thomas. Le do un bacio sulla fronte.

Dopo qualche minuto sono in macchina, Thomas e Barbara mi accompagnano al treno. «*Ich verstehe nicht, wie du dir das antun kannst! Siebzehn Stunden Zug! Wahnsinn!*». (Non capisco proprio perché fai una cosa del genere, diciassette ore di treno, pazzesco!). Non può

DER GESCHMACK DES LEBENS

Es ist der Tag meiner Abreise. Ein Sonnenstrahl fällt durch das Fenster auf unsere Kuschelecke im Erker unserer Wohnung, diesem eckigen Turm, der viele Gebäude in München ziert. Das Licht gleitet über den Boden und schneidet das Parkett in zwei Teile, springt auf einen lächelnden Buddha, der gelassen auf einer roten Lackkommode meditiert. Schließlich legt sich der Strahl auf das Gemälde meines Vaters mit dem Titel ‹Scalinata› und die dort dargestellte große Treppe in einem Dorf im Süden nimmt das ganze Licht in sich auf. Bei diesem Bild fühle ich mich wie in Italien, es verzaubert mich jedes Mal, wenn ich es betrachte.

Jetzt habe ich aber keine Zeit. Ich hüpfe auf einem Bein, auf der verzweifelten Suche nach einem Strumpf, den ich nicht finden kann. «Wo ist er nur hingekommen? Hat einer einen Strumpf gesehen?», rufe ich, in der Hoffnung auf Antwort. «Ruf ihn doch, vielleicht antwortet er dir!», sagt Thomas, genervt von meiner ständigen Unordnung. «Mama, meinst du den?», meldet sich dazwischen das Stimmchen meiner Tochter. Zwischen Daumen und Zeigefinger hält sie etwas in die Höhe. «Oh, mein Mäuschen, meine Süße, ich danke dir, du bist meine Rettung», antworte ich ihr zärtlich. Noch fünfzig Minuten bis zur Abfahrt des Zuges und ich bin noch nicht angezogen. Mit ironischem Lächeln reicht Barbara mir den Strumpf. «Mama, was würdest du nur ohne mich machen?» Das stimmt! Was würde ich ohne sie machen? Ich sehe sie an, sie ist dünn, hat dunkle, lange Haare wie ich, doch die hellen Augen von Thomas. Ich gebe ihr einen Kuss auf die Stirn.

Ein paar Minuten später sitze ich im Auto. Thomas und Barbara begleiten mich zum Zug. «Ich verstehe nicht, wie du dir das antun kannst! Siebzehn Stunden Zug! Wahnsinn!» Er kann es nicht verstehen. Sicherlich, es wäre viel einfacher, einen Flug München–Bari zu nehmen. In zwei Stunden wäre ich da.

capirlo, certo sarebbe più semplice prendere un aereo Monaco–Bari, in due ore sarei lì. Ma ho deciso di regalarmi del tempo, di viaggiare in treno come facevo da bambina per prepararmi all'evento. Io e mio fratello Daniele abbiamo organizzato le nozze d'oro dei nostri genitori, la festa per i loro cinquant'anni di matrimonio, un'unione lunga una vita tra momenti felici e difficoltà. Nella nostra famiglia sono anniversari che celebriamo, l'abbiamo fatto anche per i nonni materni e paterni. Ho portato a Monaco per ricordo le rose dorate che i genitori di papà avevano come bomboniere per l'occasione. Con Daniele abbiamo avuto l'idea di fare una sorpresa a papà e mamma, così lui verrà da Hong Kong con la sua famiglia, io da Monaco con la mia e ci troveremo in Puglia, dove i miei trascorono le estati, con tutti i parenti e con gli amici di Como.

«*Tschüss, Mami*» mi saluta Barbara mentre l'altoparlante annuncia la partenza, «*Bis nächste Woche*» (Alla prossima settimana) dice Thomas. Quando il treno si allontana vedo Thomas scuotere la testa con divertita rassegnazione: sposando una straniera ha intrapreso un'avventura in parte non facile, ma sicuramente eccitante.

Seduta al mio posto nello scompartimento mi sento come un palloncino che lentamente si sgonfia, tutta la tensione mi abbandona, arriva la stanchezza accumulata da giorni. Mi lascio andare al sottile vibrare del treno, è come un massaggio che distende il corpo e mi ricorda le sensazioni che provavo da bambina, quando con i miei e Daniele dormivamo tutti insieme in cuccetta. I nostri viaggi verso il sud per andare a trovare i nonni mi parevano interminabili allora, mi sdraiavo sul lettino duro e stretto, trovandolo per altro comodissimo tanto ero felice di partire, e chiudevo gli occhi. Il movimento ritmico del treno mi cullava fino a farmi sprofondare in un sonno sereno, carico di aspettative. Mi svegliavo e c'era il mare.

Ora il brontolio del mio stomaco mi richiama bru-

Aber ich habe beschlossen, mir Zeit zu schenken und wie als Kind mit dem Zug zu reisen, um mich auf das Ereignis vorzubereiten. Mein Bruder Daniele und ich haben die goldene Hochzeit unserer Eltern organisiert, die Feier ihres fünfzigsten Hochzeitstags, ihres langen gemeinsamen Lebens mit glücklichen und schweren Zeiten. In unserer Familie werden diese Jahrestage begangen, wir haben es schon bei unseren Großeltern mütterlicherseits und väterlicherseits getan. Die goldenen Rosen, die die Eltern meines Vaters als Festgeschenk verteilt hatten, habe ich zum Andenken nach München mitgebracht. Wir hatten die Idee, unsere Eltern zu überraschen, das heißt, mein Bruder würde mit seiner Familie aus Hongkong kommen und ich mit der meinen aus München und wir würden in Apulien, wo unsere Eltern stets den Sommer verbringen, alle Verwandten und die Freunde aus Como treffen.

«Tschüss, Mami», verabschiedet mich Barbara, als der Lautsprecher die Abfahrt ankündigt. «Bis nächste Woche», sagt Thomas. Als der Zug abfährt, sehe ich noch, wie Thomas mit einem Ausdruck liebevoller Resignation den Kopf schüttelt. Mit der Heirat einer Ausländerin hat er sich auf ein nicht immer einfaches, aber sicher aufregendes Abenteuer eingelassen.

Auf meinem Platz im Abteil fühle ich mich schließlich wie ein Ballon, der langsam an Luft verliert. Die ganze Spannung fällt von mir ab, mich überkommt die über Tage angestaute Müdigkeit. Ich gebe mich dem leichten Vibrieren des Zuges hin, es ist wie eine Massage, die den Körper lockert und mich an das Gefühl als Kind erinnert, wenn wir, meine Eltern, ich und Daniele, alle zusammen im Liegewagen schliefen. Unsere Reisen in den Süden zu den Großeltern kamen mir damals endlos vor, ich legte mich auf das harte, schmale Bett, fand es übrigens sehr bequem, so glücklich war ich, aufzubrechen, und schloss die Augen. Die rhythmische Bewegung des Zuges wiegte mich in einen tiefen Schlaf, heiter und voller Erwartung. Ich erwachte, und da war das Meer.

Das Knurren meines Magens bringt mich jäh in die Realität

scamente alla realtà, a colazione ho bevuto la mia solita tazza di caffè con due biscotti. Thomas mi ha fatto due panini amorosi, uno con il *Leberwurst* e uno con i *Gelbwurst*. Li mangio subito perché non appena oltrepasserò la frontiera saranno fuori luogo, il mio stomaco a quel punto avrà solo voglia d'italianità.

Lo so per esperienza perché è quello che mi succede quando vado a Como a trovare i miei. Da quindici anni ogni volta mamma mi telefona qualche giorno prima per chiedermi che cosa voglio mangiare quando arrivo. Ho un piatto preferito per ogni stagione e da quando sono lontana mi faccio viziare volentieri. D'inverno ad aspettarmi ci sono i pizzoccheri, in autunno il castagnaccio, in primavera la pasta con i carciofi, d'estate le zuppe di pesce. Ora mamma i pizzoccheri li sa fare davvero bene, e quando arrivo a casa il profumo forte di verza e formaggio che ben si combina con la nebbia e l'umidità di Como, impregna il nido dei miei affetti. È diventata così brava che fa lei anche l'impasto ormai. Me la vedo con le mani che spariscono nella farina, attenta a non sporcare troppo il piano del tavolo, il grembiule e le maniche tirate su, e con un po' di farina sulla fronte rimasta quando si è scostata il ciuffetto rosso che le cade sugli occhi. E pensare che all'inizio quei pizzoccheri le erano proprio insopportabili. Imparare a cucinarli non è stato facile per lei, ma è riuscita ad apportare qualche piccola modifica alla ricetta originale fino a farseli piacere. Per esempio sostituisce una parte di verza con gli spinaci proprio per limitare l'odore acre che brucia in gola.

Così ogni inverno si ripropone la stessa scena che ora si ripete come un fumetto davanti ai miei occhi, uno scherzoso scambio di battute tra me e mia madre. Io entro in casa e dico «Che profumino, non avrai mica fatto i pizzoccheri?» come se non me l'aspettassi. Appoggio la valigia per terra e quando mamma vede che tiro qualcosa fuori dalla valigia dice «Mmmhhh, non avrai mica portato

zurück. Zum Frühstück habe ich meine übliche Tasse Kaffee getrunken, dazu zwei Kekse. Thomas hat mir liebevoll zwei *panini* zubereitet, eins mit Leberwurst und eins mit Gelbwurst. Ich esse sie gleich, denn sobald ich die italienische Grenze passiert haben werde, sind sie nicht mehr gefragt, mein Magen wird dann nur noch Lust auf Italienisches haben.

Das weiß ich aus Erfahrung, weil es immer so ist, wenn ich zu meinen Eltern nach Como fahre. Seit fünfzehn Jahren ruft Mama mich jedes Mal ein paar Tage vorher an und fragt mich, was ich essen möchte, wenn ich ankomme. Ich habe ein Lieblingsgericht für jede Jahreszeit und seit ich so weit entfernt lebe, lasse ich mich gerne verwöhnen. Im Winter erwarten mich *pizzoccheri,* im Herbst ist es Kastanienkuchen, im Frühling Pasta mit Artischocken und im Sommer Fischsuppe. Heute ist Mama in der Herstellung der *pizzoccheri* Meisterin, und wenn ich zu Hause ankomme, durchdringt der starke Geruch von Wirsing und Käse, der gut zu dem Nebel und der Feuchtigkeit von Como passt, mein geliebtes Heim. Sie macht sogar den Teig selbst. Ich sehe sie vor mir, die Hände im Mehl vergraben, vorsichtig, um nicht die ganze Tischplatte zu beschmutzen, mit Schürze und hochgeschobenen Ärmeln, etwas Mehl auf der Stirn, das dort verblieben ist, als sie sich den roten Pony zur Seite gestrichen hat, der ihr in die Augen fällt. Wenn man bedenkt, wie unerträglich diese *pizzoccheri* für sie am Anfang waren. Es fiel ihr nicht leicht, sie zuzubereiten, aber sie nahm kleine Veränderungen am Originalrezept vor, bis es ihr zusagte. Zum Beispiel ersetzt sie einen Teil des Wirsings durch Spinat, um die Schärfe und das Brennen im Hals zu mildern.

So spielt sich jeden Winter die gleiche Szene ab, die jetzt vor meinen Augen wie ein Comic abläuft, ein scherzhafter Wortwechsel zwischen Mama und mir. Ich komme ins Haus und sage: «Was für ein Duft, du wirst doch nicht etwa *pizzoccheri* gemacht haben?», als würde ich es nicht erwarten. Ich stelle den Koffer ab, und sobald sie mich etwas herausholen sieht, sagt sie: «Mmmhhh, du wirst doch nicht etwa Weißwürste und Brezeln

i *Weißwurst* con i *Brezeln?*». Anche lei come se non se lo aspettasse. I miei ne vanno matti, ma li mangiano a modo loro, senza niente, perché la senape dolce non gli piace.

Con il passare degli anni mi accorgo di guardare Como sempre più con gli occhi di una straniera. Mi incanto davanti al lago e ai suoi paesini colorati abbarbicati sulle montagne, amo le viuzze intricate, le chiese, gli scorci medioevali e le piccole piazze del centro storico. Com'è diverso il mio nuovo mondo, quello di Monaco di Baviera! È fatto di ampie strade ariose, di piazze e palazzi neogotici e rinascimentali estremamente curati, di bellissimi parchi urbani ognuno dei quali con un suo corso d'acqua o un piccolo lago. E del fiume naturalmente, l'Isar, che d'estate offre meravigliose spiagge dove prendere il sole, fare i bagni o una bella grigliata la sera che quasi ti dimentichi essere in città. Devo ammetterlo: con il passare del tempo mi chiedo sempre più dove sia e quale sia la mia vera casa.

A volte penso che al mondo ci siano due tipi di persone: gli uomini radice e gli uomini foglia.

Gli uomini radice hanno sempre vissuto, vivono e vivranno nello stesso luogo, un luogo che amano più di qualsiasi altro. Lì hanno i loro amici, il barbiere, il prete e il medico di famiglia, i loro ricordi e le loro certezze, una vita stabile e rassicurante. Hanno un'identità precisa e definita, caratterizzata da un dialetto, da tradizioni e gesti inconfondibili che si tramandano di generazione in generazione. Hanno una casa che è quella e basta, nessun'altra, un mondo emotivo che li protegge, che per loro non ha segreti e in cui si muovono con naturalezza consapevoli di poter condividere con una comunità le durezze della vita.

Diversi sono gli uomini foglia. Basta una folata di vento e si ritrovano all'improvviso nei posti più disparati. Spesso sono cresciuti in famiglie che nel corso dei secoli si sono spostate da un paese all'altro senza conser-

mitgebracht haben?» Auch sie, als hätte sie es nicht erwartet. Meine Eltern sind verrückt danach, aber sie essen sie auf ihre Art, ohne Senf, denn süßen Senf mögen sie nicht.

Mit den Jahren stelle ich fest, dass ich Como immer mehr mit den Augen einer Fremden betrachte. Ich bin begeistert von dem See und den kleinen bunten Orten, die sich an die Hänge klammern, ich liebe die verwinkelten Gässchen, die Kirchen, die mittelalterlich anmutenden Winkel und die kleinen Plätze der historischen Altstadt. Wie anders ist doch meine neue Welt, die Welt von München! Es gibt große, breite Straßen, Plätze und äußerst gepflegte Häuser in neugotischem Stil und aus der Renaissance, wunderschöne Stadtparks, jeder von ihnen mit einem Bach oder einem kleinen See. Und natürlich den Fluss, die Isar, an der es im Sommer herrliche Strände gibt. Sich dort zu sonnen, zu baden oder am Abend zu grillen lässt einen beinahe die Stadt vergessen. Ich muss zugeben, im Laufe der Zeit frage ich mich immer mehr, wo ich eigentlich zuhause bin.

Manchmal denke ich, dass es auf der Welt zwei Arten von Menschen gibt. Wurzelmenschen und Blättermenschen.

Wurzelmenschen haben immer an demselben Ort gelebt, leben dort und werden immer an diesem von ihnen über alles geliebten Ort leben. Dort haben sie ihre Freunde, den Friseur, den Priester und den Hausarzt, ihre Erinnerungen und ihre Sicherheiten, ein beständiges, vertrautes Leben. Sie haben eine klare und eindeutige Identität, geprägt von einem Dialekt und von Generation zu Generation überlieferten unverwechselbaren Traditionen und Bräuchen. Sie haben ein einziges Haus und damit basta, kein weiteres, eine Gefühlswelt, in der sie geborgen sind, die für sie keine Geheimnisse hat und in der sie sich wie selbstverständlich bewegen, in dem Bewusstsein, die Härten des Lebens mit einer Gemeinschaft zu teilen.

Anders die Blättermenschen. Ein Windstoß genügt und sie finden sich plötzlich an den unterschiedlichsten Orten wieder. Oft sind sie in Familien aufgewachsen, die im Laufe der Jahrhunderte von einem Ort zum nächsten gezogen sind und keine

vare una vera e propria memoria storica del loro luogo di origine. Non si sentono profondamente legati a nessun posto in particolare e hanno una sorprendente capacità di adattarsi e di ricostruire ogni volta una nuova rete di legami.

A me è bastata una ventata improvvisa per ritrovarmi in Germania. La stessa cosa era successa ai miei genitori, quando dalla Puglia si ritrovarono in Lombardia. Lì sono nata e sono cresciuta in una sorta di limbo di regole settentrionali e meridionali che s'intrecciavano, si sovrapponevano e si contraddicevano. Con la mia famiglia vivevamo in quel mondo fatto di lontananza dagli affetti più caldi in cui vive l'emigrato che lascia la sua terra per andarsene chissà dove. Un mondo però ricco di momenti intensissimi d'amore quando tutta la famiglia si riunisce per confondersi in un abbraccio collettivo di affetto e allegria. Sono vissuta come se appartenessi a un «mondo di mezzo» e così mi hanno vissuta anche le persone che mi erano vicine. Al nord facevano impressione le mie «o» chiuse, al sud ridevano quando dicevo «neh?».

Oggi vivo in un mondo di mezzo ancora più che nel passato perché il destino ha fatto di me una donna foglia e ha deciso di soffiarmi via.

E come per magia ora che ho quarant'anni mi sembra che la vicenda di mia madre e mio padre si ripeta, mi pare di rivivere fotogrammi della nostra storia familiare. Una volta quando vidi i miei genitori arrivare al binario della stazione di Monaco con le lattine di olio e le conserve che mi avevano portato ebbi una strana sensazione. In quel momento io ero loro e loro erano i miei nonni al binario della stazione di Como di sessant'anni prima con le conserve e le lattine d'olio, ma soprattutto con gli stessi sguardi d'amore.

E la storia ricomincia.

wirkliche historische Bindung an ihren Ursprungsort bewahren konnten. Sie fühlen sich keinem bestimmten Ort tief verbunden und besitzen eine erstaunliche Fähigkeit, sich anzupassen und jedes Mal wieder ein neues Netz von Beziehungen zu knüpfen.

Mir genügte ein Windstoß, um mich unversehens in Deutschland wiederzufinden. Genauso ist es meinen Eltern ergangen, als es sie aus Apulien in die Lombardei verschlug. Dort bin ich geboren und aufgewachsen, hin- und hergerissen zwischen den Regeln des Nordens und denen des Südens, die ineinandergriffen, sich überlagerten und sich widersprachen. Meine Familie lebte in der Welt der Emigranten, die ihre Heimat verlassen, um wer weiß wohin zu gehen, einer Welt fern der vertrauten Sphäre warmer Zuneigung, einer Welt jedoch auch reich an überaus intensiven Augenblicken voll Liebe, wenn sich die ganze Familie in Zuneigung und Fröhlichkeit vereint in den Armen liegt. Ich lebte, als gehörte ich einer «Zwischenwelt» an und so haben mich auch mir nahestehende Menschen erlebt. Im Norden wunderten sie sich über mein geschlossenes «O», im Süden lachten sie, wenn ich «neh?» sagte.

Heute lebe ich einmal mehr in einer Zwischenwelt als früher, denn das Schicksal hat mich den Blättermenschen zugeordnet und beschlossen, diesen Scherz fortzuführen, indem es mich noch einmal weitertrieb.

Und jetzt, da ich vierzig bin, kommt es mir so vor, als würde sich wie durch Zauberhand die Geschichte meiner Eltern wiederholen, als würden sich wie in einem Film einzelne Szenen unserer Familie immer wieder abspulen. Eines Tages, als ich meine Eltern auf dem Bahnsteig in München ankommen sah, mit den Ölkanistern und Konserven, die sie mir mitgebracht hatten, überkam mich ein seltsames Gefühl. In jenem Moment war ich sie und sie waren meine Großeltern auf dem Bahnsteig in Como vor sechzig Jahren mit den Konserven und den Ölkanistern, vor allem aber mit demselben liebevollen Blick.

Und die Geschichte beginnt von Neuem.

I PIZZOCCHERI DELLA VALTELLINA SECONDO LA RICETTA DELLA SIGNORA CASTELLI

(Lombardia – Como, Valtellina)

Ingredienti per 4 persone

400 gr. di farina di grano saraceno, 100 gr. di farina bianca, 200 gr. di burro, 250 gr. di formaggio Valtellina Casera, 150 gr. di parmigiano reggiano, 150 gr. di formaggio Bitto, 200 gr. di verze (a seconda della stagione sostituibile con coste o spinaci), 250 gr. di patate, 1 spicchio d'aglio, foglie di salvia, sale, pepe

Preparazione
Mescolate la farina di grano saraceno e quella bianca, aggiungete il sale, disponete il composto a fontana e versatevi al centro un po' di acqua. Lavorate fino a ottenere una pasta morbida, ma consistente. Con il mattarello tirate varie sfoglie che sovrapporrete l'una all'altra e da cui taglierete delle strisce larghe 5 millimetri circa. Dopo averle pulite, lavate e tagliate a listarelle le verdure insieme alla patata sbucciata fatta a tocchetti. Cuocete il tutto in abbondante acqua salata poco più di 5 minuti, mentre mettete a dorare il burro con l'aglio e la salvia. Quando le verdure saranno quasi cotte aggiungete i pizzoccheri e fateli cuocere per una decina di minuti. Scolate tutto insieme.

In una pirofila riscaldata alternate strati di pasta, parmigiano grattugiato, Valtellina Casera tagliato a dadini e Bitto irrorandoli con il burro aromatizzato all'aglio e alla salvia. Servite il piatto ben caldo.

Vino da abbinare: Valtellina Sassella

PIZZOCCHERI AUS DEM VELTLIN NACH DEM REZEPT VON SIGNORA CASTELLI

(Lombardei – Como, Veltlin)

Zutaten für 4 Personen

400 g Buchweizenmehl, 100 g Weißmehl,
200 g Butter, 250 g *Valtellina Casera* (Kuhmilchkäse),
150 g *Parmigiano reggiano,* 150 g *Bitto,* 200 g Wirsing
(je nach Jahreszeit ersatzweise auch Mangold
oder Spinat), 250 g Kartoffeln, 1 Knoblauchzehe,
Salbeiblätter, Salz, Pfeffer

Zubereitung
Buchweizenmehl und Weißmehl vermischen, Salz hinzufügen, in die Mulde in der Mitte des Gemischs ein wenig Wasser geben. Zu einem weichen, aber festen Teig kneten und anschließend mit dem Nudelholz mehrere Schichten ausrollen, die aufeinander gelegt und dann in ca. 5 mm breite Streifen geschnitten werden. Das geputzte, gewaschene und in feine Streifen geschnittene Gemüse zusammen mit den geschälten, in Stückchen geschnittenen Kartoffeln in reichlich Salzwasser gut 5 Minuten kochen. Butter mit Knoblauch und Salbei goldgelb zerlassen. Wenn das Gemüse fast gar ist, die *pizzoccheri* hinzugeben und ca. 10 Minuten kochen, danach abgießen.

In eine vorgewärmte feuerfeste Schüssel abwechselnd Teigschichten, geriebenen Parmesan, in Würfel geschnittenen *Valtellina Casera* und *Bitto* geben und mit der Knoblauch-Salbei-Butter übergießen. Das Gericht heiß servieren.

Passender Wein: Valtellina Sassella

FINALMENTE AL NORD!

Ma i pizzoccheri furono una lenta conquista ...

Nel lontano 1961 mamma e papà si trasferirono a Como.

Come animali in transumanza alla ricerca di pascoli freschi e di climi temperati, seguirono l'istinto che li portava in una terra a loro « straniera » per mentalità, clima, forse per certi aspetti anche per la lingua che vi si parlava, una terra che avrebbe richiesto molti sacrifici, ma che si sarebbe anche potuta trasformare in un Eldorado.

Finalmente al nord ! I miei genitori abbandonarono l'abbagliante luce del sud e si trasferirono nella piovosa cittadina lacustre. L'allontanamento dalla famiglia, dalla loro cultura, dalle loro abitudini avrebbe messo a dura prova la giovane coppia senza mai riuscire però a farla retrocedere dalla scelta che aveva compiuto. Marito e moglie erano forti, di una forza che traevano dalla consapevolezza di fare la cosa giusta perseguendo il sogno di regalare a se stessi e ai loro figli ancora di là da venire una vita più ricca di prospettive. E per questo erano pronti a fare tutti i sacrifici che sarebbero stati necessari.

Dissero addio così ai mercati con i pesci d'argento che profumavano di mare, alle tavolate imbandite di leccornie e di famiglia, alle mozzarelle morbide e succulente, alle verdure dai colori sgargianti, ai frutti caldi e maturi che chiamavano dai rami per essere colti e mangiati. Dissero addio al mare accontentandosi a malincuore di un lago che, all'inizio, prima che i loro sensi si affinassero e imparassero a coglierne le segrete mutazioni, sembrava sempre uguale a se stesso e, dissero soprattutto addio alla luce della loro terra. Quella sì è davvero una luce speciale. La luce di

ENDLICH IM NORDEN!

Doch die Eroberung der *pizzoccheri* ging langsam voran.

Vor langer Zeit, im Jahre 1961, zogen meine Eltern nach Como.

Wie Tiere, die auf der Suche nach frischen Weiden und mildem Klima die Futterplätze wechseln, folgten sie ihrem Instinkt, der sie in eine Gegend führte, in der sie sich aufgrund der Mentalität und des Klimas «fremd» fühlten, vielleicht in gewisser Hinsicht auch wegen der Sprache, die dort gesprochen wurde; in eine Umgebung, die ihnen viele Opfer abverlangen würde, die sich aber auch in ein Eldorado verwandeln könnte.

Endlich im Norden! Meine Eltern ließen das grelle Licht des Südens zurück und begaben sich in das regnerische, an einem See gelegene Städtchen. Die Entfernung zu der Familie, ihrer Kultur und ihren Gewohnheiten sollte das junge Paar auf eine harte Probe stellen, ohne dass dies dazu angetan war, die einmal getroffene Wahl rückgängig zu machen. Die beiden waren stark, und diese Stärke zogen sie aus dem Bewusstsein, das Richtige zu tun, wenn sie sich und ihren Kindern, die dort erst noch geboren werden sollten, den Traum von einem aussichtsreicheren Leben erfüllten. Dafür waren sie bereit, alle notwendigen Opfer auf sich zu nehmen.

Sie sagten Adieu zu den Märkten mit den silberglänzenden Fischen, die nach Meer rochen, zu den reichlich gedeckten Tischen mit Leckerbissen und Familie drumherum, zur weichen, saftigen *mozzarella,* zum Gemüse in leuchtenden Farben, zu den sonnengereiften Früchten, die von den Zweigen gepflückt und gegessen werden wollten. Sie sagten Adieu zum Meer und gaben sich voller Wehmut mit einem See zufrieden, der anfangs – bevor ihre Sinne sich geschärft und sie gelernt hatten, die geheimnisvollen Wandlungen zu erfassen – sich immer gleich zu bleiben schien; und sie sagten insbesondere Adieu zu dem Licht ihrer Heimat. Dieses Licht ist wirklich ein be-

Molfetta ti accoglie come l'abbraccio di una nonna del sud: avvolgente, pieno di tepori e profumato di spezie, forte da toglierti il respiro. Risucchiato dalla morbidezza e dal tepore della luce ti dimentichi del mondo. A partire dal porto in tutta la città la mattina si respira un'aria blu e rosa. Le barche attraccano e i pescatori scendono sul molo carichi di casse di pescato vivo. Cani e gatti randagi, un po' sporchi e malandati, sono lì per ripescare quello che cade dalle reti che vengono pulite, mentre il mercato del pesce già strepitante e frenetico è pronto a fagocitare nel suo grande stomaco tutto quello che il mare generoso ha messo a sua disposizione.

Con l'approssimarsi delle ore calde la città si fa color crema. La luce intensa si rifrange sulle chianche, le grandi lastre di pietra della pavimentazione che, ormai lucide e consunte dal tempo e dal passaggio, hanno assunto la tipica tonalità di tenero giallo. A volte con la loro disposizione a lisca di pesce ingannano l'occhio trasformando, come per incanto, le piccole stradine in veri e propri viali. Le case in pietra della zona riprendono il color crema interrotto solo dal verde delle persiane. Di quando in quando, davanti alle porte, all'ombra, ci sono capannelli di persone anziane che chiacchierano. Donne dall'aria antica, nei loro vestiti neri e con i lunghi capelli bianchi raccolti in uno chignon si rinfrescano agitando il ventaglio, mentre uomini altrettanto antichi poco più in là, siedono su una panchina con le loro coppolette in testa e gli sguardi persi nel fumo della pipa. La sera verso il tramonto Molfetta diventa d'oro e quell'aria dorata entra nel corpo e lo percorre purificandolo dalla fatica giornaliera per predisporlo alla frescura della serata, quando si esce con gli amici a mangiare un panzerotto o un gelato.

A questa luce particolare aveva rinunciato mamma, mentre papà si era lasciato alle spalle quella altrettan-

sonderes Licht. Das von Molfetta empfängt dich wie die Umarmung einer Großmutter aus dem Süden. Voll milder Wärme und dem Duft von Gewürzen hüllt es dich ein, so sehr, dass es dir den Atem nimmt. Von der Weichheit und der Wärme des Lichts aufgesogen, vergisst du die Welt. Schon am Hafen und dann auch in der ganzen Stadt atmet man am Morgen blaurosa Luft. Boote legen an, und die Fischer steigen, beladen mit Kisten voller lebender Fische, auf die Mole. Streunende, ein wenig schmutzige und verwahrloste Hunde und Katzen finden sich ein, um ihrerseits zu fischen, was aus den Netzen fällt, die gereinigt werden, während der bereits lärmende und hektische Fischmarkt sich anschickt, in seinem großen Magen alles aufzunehmen, was das großzügige Meer ihm bietet.

Sobald es wärmer wird, nimmt die Stadt einen Cremeton an. Das helle Licht bricht sich auf den *chianche*, den großen Steinplatten des Pflasters; durch Abnutzung sind sie mit der Zeit glänzend geworden und haben die typische zartgelbe Schattierung angenommen. Manchmal wird aufgrund ihrer Fischgrätanordnung das Auge getäuscht und die kleinen Straßen verwandeln sich wie von Zauberhand in regelrechte Alleen. Auch die typischen Steinhäuser der Gegend werden cremefarben, unterbrochen nur vom Grün der Fensterläden. Ab und zu finden sich vor den Türen kleine Gruppen plaudernder alter Menschen im Schatten zusammen. Frauen, wie ehedem in ihren schwarzen Kleidern und mit dem langen weißen, im Nacken zu einem Knoten gebundenen Haar, fächeln sich frische Luft zu, während etwas weiter entfernt die Männer wie eh und je mit ihren Schiebermützen auf einer Bank sitzen, ihr Blick verliert sich im Pfeifenrauch. Abends, wenn die Sonne untergeht, strahlt Molfetta golden und diese goldene Luft dringt in den Körper, durchströmt und reinigt ihn von den Mühen des Tages, bereitet ihn auf den frischen Abend vor, wenn man dann mit den Freunden ausgeht, um *panzerotto* oder ein Eis zu essen.

Auf dieses besondere Licht hatte Mama verzichtet, während Papa das nicht minder einzigartige Licht hinter sich zurück-

to unica che a Manfredonia si rifrange sulla spiaggia sabbiosa e gioca a nascondino tra le torri e le mura del castello di Re Manfredi.

Ma queste mancanze erano sopportabili rispetto al preziosissimo bene che avevano acquisito, ovvero la libertà e la possibilità di conseguire una realizzazione personale. Quello che forse non avevano calcolato era che al nord solo per il semplice fatto di essere meridionale spesso e a priori venivi collocato dagli ottusi e dai razzisti, che certo non mancavano, nella categoria dei disturbatori, delle presenze che andavano sopportate, ma non necessariamente rispettate. E quindi anche trovar casa non fu facile.

Fortunatamente però, nella quotidianità, la vicinanza, la conoscenza reciproca e la simpatia umana che si creano naturalmente tra le persone, consentono di scoprire l'umanità del prossimo e di superare così i propri pregiudizi. Già dopo poco tempo mamma e papà si facevano voler bene dalle persone con cui avevano rapporti quotidiani. «La bella sposina con la piccoletta», così i vicini chiamavano mamma quando la vedevano insieme a me e spesso la signora Castelli suonava il campanello dall' appartamento vicino per portarci dei dolci dal nome vagamente francese che aveva fatto con le sue mani: la rüsümada, la miascia e il masigott. Tra le due famiglie fin da subito si instaurò un caloroso scambio emotivo-gastronomico, un dialogo a suon di prelibatezze, forse per aprire le porte a quello vero a cui bisognava abituarsi lentamente. Ogni volta che tornavamo dalla Puglia, i signori Castelli gustavano il Primitivo di Manduria, le ostie ripiene di mandorle caramellate tipiche di Monte Sant'Angelo, un meraviglioso paesino arroccato sul Gargano, e le orecchiette fatte a mano dalle mie nonne.

Un giorno d'inverno la signora Castelli suonò alla porta e quando mamma aprì rimase stupita. Aveva in mano un

gelassen hatte, das sich in Manfredonia auf dem Sandstrand bricht und zwischen den Türmen und den Mauern des Schlosses von König Manfredi Verstecken spielt.

Mit Blick auf das, was sie gewonnen hatten und überaus schätzten, die Freiheit und die Möglichkeit, sich frei zu entfalten, war all das jedoch zu verkraften. Womit sie vielleicht nicht gerechnet hatten, war, dass man im Norden aufgrund der einfachen Tatsache, aus dem Süden zu stammen, oft und vorrangig von stumpfsinnigen und rassistischen Menschen, derer es weiß Gott nicht mangelte, in die Kategorie der Störenfriede, der geduldeten, wenngleich nicht unbedingt respektierten Personen eingeordnet wurde. Unter diesen Umständen war es für sie auch nicht leicht, eine Wohnung zu finden.

Glücklicherweise jedoch erlauben Nähe, gegenseitiges Kennenlernen und Sympathie, die im Alltag auf natürliche Weise im Miteinander entstehen, den Menschen im Nächsten zu entdecken und so die eigenen Vorurteile zu überwinden. Schon nach kurzer Zeit mochten die Leute, mit denen meine Eltern täglich Umgang hatten, sie gern. «Die hübsche junge Frau mit der Kleinen», so nannten die Nachbarn Mama, wenn sie sie mit mir sahen, und häufig klingelte Signora Castelli an der Tür der Wohnung nebenan und brachte uns Süßigkeiten mit leicht französisch klingenden Namen, die sie selbst zubereitet hatte: *rüsümada, miascia* und *masigott*. Zwischen den beiden Familien bestand von Anfang an ein warmherziger Austausch über das Kulinarische hinaus, ein Austausch von Köstlichkeiten, der dazu dienen mochte, einem echten Dialog, an den man sich langsam gewöhnen musste, die Türen zu öffnen. Jedes Mal, wenn wir aus Apulien zurückkehrten, kosteten die Signori Castelli den Primitivo di Manduria, die mit karamellisierten Mandeln gefüllten Oblaten, typisch für Monte Sant'Angelo, das hübsche Örtchen auf dem Gargano, sowie die von meinen Großmüttern gefertigten *orecchiette*.

Eines Tages im Winter klingelte Signora Castelli an der Tür, und als Mama öffnete, staunte sie nicht schlecht. Die Nach-

tegame: « Ecco, questi sono i pizzoccheri, sono una specialità della Valtellina, li ho preparati io così li provate! ». Mamma non sapeva cosa fossero quelle strane strisce grigie dal forte odore di formaggio e di verza, un aroma quasi nauseante a dir la verità, né sapeva esattamente dove fosse la Valtellina. Con il suo solito sorriso amichevole però spalancò la porta, fece accomodare la signora Castelli e le offrì un caffè. Il caffè era naturalmente quello con tostatura meridionale che papà si faceva arrivare direttamente da Manfredonia. Mamma, nascondendo meglio che poteva il fatto che quel profumo così forte della verza la disturbava, volle sapere tutto sui pizzoccheri e sulla Valtellina. E sarebbero stati proprio i pizzoccheri il suo vero battesimo del fuoco in quel mondo altro del nord. Quelli della signora Castelli infatti piacquero così tanto a papà che si profuse in complimenti generosi con la vicina la quale, per la prima volta, assunse agli occhi di mamma l'aspetto di una donna affascinante, seducente e alquanto pericolosa. Mamma decise quindi di provare a farli anche lei.

Certo, che differenza tra il modo di cucinare del sud e quello del nord! Lei era abituata a una cucina davvero semplice in cui olio d'oliva, peperoncino, basilico e rosmarino servivano solo per esaltare il sapore dolce dei pomodori o il profumo di mare del pesce appena pescato. Erano i prodotti stessi, anche se « poveri », i veri protagonisti di ogni piatto. La cucina del nord invece era diversa. Gli ingredienti cucinati nel burro e nella panna sembravano amalgamarsi così tanto da perdere la loro identità e ingannare il palato.

« La sposina », risoluta più che mai a farsi valere, decise dentro di sé di sfidare quella donna del nord e, qualche giorno dopo, si fece spiegare per filo e per segno dalla Signora Castelli la ricetta dei pizzoccheri. Con in mano una lista in cui c'erano troppi nomi sconosciuti, andò a fare la spesa. Quando la vide papà la incalzò

barin hielt einen Topf in der Hand. «Hier, das sind *pizzoccheri*, eine Spezialität aus dem Veltlin, die habe ich gemacht, damit ihr sie mal probieren könnt!» Mama hatte keine Ahnung, was diese seltsamen grauen Streifen mit dem starken Geruch nach Käse und Wirsing waren, ein Geruch, von dem einem ehrlich gesagt fast schlecht wird, noch wusste sie genau, wo das Veltlin lag. Doch mit ihrem üblichen freundlichen Lächeln öffnete sie die Tür, bat Signora Castelli Platz zu nehmen und bot ihr einen Espresso an. Der Kaffee stammte natürlich aus einer Rösterei im Süden und mein Vater ließ ihn sich direkt aus Manfredonia kommen. Mama, die so gut sie konnte verbarg, wie sehr der starke Geruch nach Wirsing sie störte, wollte alles über *pizzoccheri* und das Veltlin wissen. Und *pizzoccheri* sollten ihre eigentliche Feuertaufe in dieser anderen Welt im Norden werden. Die von Signora Castelli schmeckten meinem Vater dermaßen gut, dass er der Nachbarin großzügige Komplimente machte, wodurch diese in den Augen von Mama erstmals etwas Anziehendes, Verführerisches und ziemlich Gefährliches bekam. Da beschloss sie, es selbst zu versuchen.

Doch was für ein Unterschied zwischen der Küche des Südens und der des Nordens! Meine Mutter war an eine einfache Küche gewöhnt, in der Olivenöl, *peperoncino*, Basilikum und Rosmarin nur dazu dienten, den süßen Geschmack der Tomaten und den Meeresduft des frisch gefangenen Fisches hervorzuheben. Die Produkte selbst, wenn auch wenig exquisit, waren die wahren Protagonisten eines jeden Gerichts. Ganz anders hingegen die Küche im Norden. Die mit Butter und Sahne gekochten Zutaten schienen sich derart zu vermischen, dass sie ihren Eigengeschmack verloren und den Gaumen täuschten.

Die «junge Frau», mehr denn je entschlossen, sich Geltung zu verschaffen, nahm sich vor, diese Frau aus dem Norden herauszufordern, und ließ sich einige Tage später von Signora Castelli haarklein das Rezept für *pizzoccheri* erläutern. Mit der Liste in der Hand, auf der viel zu viele unbekannte Namen standen, ging sie einkaufen. Als mein Vater sie sah, bedräng-

« Che fai, cosa ti metti a cucinare, non è il nostro mangiare, non ti riuscirà mai bene ! ». Ma lui non aveva ancora capito con chi aveva a che fare. Ogni volta che diceva a mamma che non sarebbe riuscita a fare una cosa, svegliava in lei una sorta di stizza e ostinazione incontrollabili. E poi questa volta in ballo c'era qualcosa di più, era una battaglia tra donne, oltre al Bitto e alla verza, gli ingredienti in gioco erano capelli biondi e rossi, seni prosperosi, sorrisi smaglianti e il contrasto tra il profumo del nord e del sud.

Erano state proprio quella stizza e quell'ostinazione incontrollabili a farle annunciare alla signora Castelli che proprio quella sera avremmo mangiato i pizzoccheri tutti insieme a casa nostra.

Con gran foga mamma si mise a tagliare il Bitto, il Casera della Valtellina e anche i capelli biondi della signora Castelli che a papà forse piacevano un po' troppo. Che odore ! La verza nell'acqua sembrava eruttare miasmi mortali. Ogni tanto doveva uscire a respirare sul balcone ma poi, siccome fuori l'aria era gelida, rientrava e continuava imperterrita, seppure con grande fatica, perché a un naso come il suo, abituato al profumo di gelsomini e zagare, quello lì sembrava solo un lezzo insopportabile.

Forse fu l'odore della verza oppure il nervosismo di mamma a turbare anche me piccola che cominciai a piangere. Allora mi prese in braccio e decise che un po' d'aria fresca avrebbe fatto bene a tutte e due. La giornata era grigia, mi dovette coprire bene, mi mise il cappottino con il collo di pelliccetta bianca che aveva cucito lei stessa per abbellirlo. Lei indossò il suo impermeabile rosso. Non sapendo esattamente dove portarmi decise di andare nell'unico posto che conosceva bene e che non era troppo freddo : il mercato coperto.

te er sie. «Was machst du, was kochst du denn da, das ist nicht unsere Art von Essen, das wird dir nie gelingen!» Doch er hatte noch nicht begriffen, mit wem er es zu tun hatte! Jedes Mal wenn er zu Mama sagte, dass ihr irgendetwas nicht gelingen würde, erwachten in ihr unbezwingbarer Zorn und Eigenwille. Dieses Mal stand außerdem viel mehr auf dem Spiel, es war eine Schlacht zwischen Frauen, in der außer *Bitto* und Wirsing blonde und rote Haare, üppige Busen, strahlende Lächeln und der Unterschied des Duftes von Nord und Süd auf dem Prüfstein standen.

Genau dieser unkontrollierbare Zorn und Eigenwille waren es, die sie Signora Castelli ankündigen ließen, dass wir an jenem Abend alle zusammen bei uns *pizzoccheri* essen würden.

Mit großem Eifer machte Mama sich daran, den *Bitto*, den *Casera* aus dem Veltlin und auch die blonden Haare von Signora Castelli, die meinem Vater vielleicht ein wenig zu gut gefielen, zu schneiden. Was für ein Geruch! Der Wirsing im Wasser schien einen tödlichen Gestank zu verströmen. Sie musste immer wieder auf den Balkon hinausgehen und durchatmen, kam aber bald wieder herein, weil die Luft draußen eisig war, und machte unerschrocken, wenn auch mit großer Mühe weiter, weil all dies für eine Nase wie die ihre, die an den Duft von Jasmin und Orangenblüten gewöhnt war, nur unerträglicher Gestank zu sein schien.

Vielleicht war es der Wirsinggeruch oder Mamas Nervosität, die auch mich, klein wie ich war, verstörte, denn ich fing an zu weinen. Da nahm sie mich auf den Arm und beschloss, dass ein bisschen frische Luft uns beiden guttäte. Der Tag war grau, sie musste mich warm einpacken und zog mir das Mäntelchen mit dem weißen Pelzkrägelchen an, das sie draufgenäht hatte, damit es hübscher aussehe. Sie selbst schlüpfte in ihren roten Regenmantel. Da sie nicht genau wusste, wo sie mit mir hingehen könnte, beschloss sie, den einzigen Ort aufzusuchen, den sie gut kannte und wo es nicht allzu kalt war: die Markthalle.

Era uno dei pochi luoghi colorati dove si sentiva un po' a casa, ma solo un po' però, perché ogni volta che passava in mezzo ai banchi del pesce doveva accelerare il passo: anziché profumo di mare c'era uno strano odore di «pesci morti», diceva. Ma quel pomeriggio rigido e piovoso rimase incantata da un banchetto che emanava sole. «Tutto dalla Puglia, la regione più bella del mondo!» urlava il venditore con un accento a lei tanto familiare. Mamma non resistette. In un attacco di bulimia nostalgica acquistò i pomodori rossi e maturi, le cime di rapa dolci e saporite e quantità industriali di origano e rosmarino. Ma l'uomo vendeva anche delle orecchiette fatte a mano da sua madre, diceva, e mamma ripensò allora alla sua di madre con cui le faceva quand'era bambina.

Per un momento si perse in quel passato rassicurante, rivide loro due sporche di farina, lei che tagliava i rotolini di impasto in piccoli pezzi e nonna Alda che li modellava con un cucchiaino dando loro la forma tipica da cui prendono il nome. Poi metteva le orecchiette a essiccare al sole sul grande terrazzo dove di giorno ci si scottava i piedi da quanto era bollente. Mamma le comperò e d'improvviso si sentì lontano, sotto il sole caldo, vicino a nonna e alle sue sorelle, una sensazione che le diede grande allegria. Quando uscì da quella visione e rimise gli occhi sul presente si accorse che nel frattempo io, dopo aver toccato e aver annusato tutto quanto era esposto sulla bancarella, stavo per addentare non vista un pezzo di pecorino lasciato incustodito. La mia attrazione fatale per il cibo aveva già cominciato a dare segno di sé. Come un fulmine mi tolse il formaggio dalle mani ed entrambe uscimmo dal mercato. Mamma era così contenta del suo bottino che non si arrabbiò davanti al temporale scoppiato nel frattempo, e con me in braccio e le buste della spesa corse a casa

Es war einer der wenigen farbenfrohen Orte, an dem sie sich ein wenig wie zu Hause fühlte, aber nur ein wenig, denn jedes Mal, wenn sie durch die Gänge mit den Fischständen ging, musste sie ihren Schritt beschleunigen. Anstatt nach Meer roch es hier komisch nach « toten Fischen », sagte sie. Doch an diesem eisigen und regnerischen Nachmittag blieb sie verzückt an einem Stand stehen, der Wärme ausstrahlte. « Alles aus Apulien, der schönsten Gegend der Welt ! », rief der Verkäufer mit einem ihr sehr vertrauten Akzent. Mama konnte nicht widerstehen. In einem Anfall von nostalgischer Bulimie kaufte sie rote, reife Tomaten, süße, saftige *cime di rapa* und Großpackungen von Oregano und Rosmarin. Doch der Mann verkaufte auch von seiner Mutter, wie er sagte, hergestellte *orecchiette* und Mama dachte dabei an ihre Mutter, mit der sie die Nudeln gemacht hatte, als sie noch klein war.

Für einen Augenblick verlor sie sich in dieser tröstlichen Vergangenheit, sah sie beide wieder vor sich, voller Mehl, sah sich die Teigröllchen in kleine Stücke schneiden und Großmutter Alda ihnen mit einem Löffel die typische Form geben, von der sie ihren Namen haben, und dann die *orecchiette* zum Trocknen in die Sonne auf der großen Terrasse legen, auf der man sich tagsüber die Füße verbrannte, weil sie so heiß war. Mama kaufte sie und fühlte sich plötzlich in die Ferne versetzt, unter die warme Sonne, nahe bei Großmutter und bei ihren Schwestern, ein Gefühl, das in ihr große Freude aufkommen ließ. Als sie aus ihrer Vision heraustrat und ihre Augen wieder der Gegenwart zuwandte, stellte sie fest, dass ich in der Zwischenzeit, nachdem ich alles, was auf dem Stand angeboten wurde, angefasst und beschnuppert hatte, drauf und dran war, heimlich in ein unbeaufsichtigtes Stück *pecorino* zu beißen. Meine fatale Schwäche für Essen zeigte schon erste Anzeichen. Blitzschnell nahm sie mir den Käse aus der Hand und verließ mit mir den Markt. Mama freute sich viel zu sehr über ihre Beute, als dass sie sich über das inzwischen losgebrochene Gewitter geärgert hätte. Mit mir auf dem Arm und den Einkaufstüten rannte sie

piena di energia. Alla fine quando stanca e affannata aprì la porta, a darle il benvenuto era rimasto quel persistente odore di verza.

Furono le sinapsi di mamma a prendere la decisione per lei? Non lo so. So che spalancò le finestre e in un moto liberatorio buttò nella pattumiera la verza, i formaggi e con quelli la sua gelosia. Poi tirò un profondo sospiro di sollievo. Si girò e, trasognata, si mise a contemplare sul tavolo il suo pezzetto di Puglia. Era felice e io, senza sapere perché, ero felice almeno quanto lei.

Mamma prese la propria disfatta – ma fu veramente una disfatta? – con grande ironia. Quella sera quando fummo tutti a tavola con i signori Castelli presentò la pietanza: «Ecco, questi sono i pizzoccheri della mia terra» e scodellò a ognuno un buonissimo piatto di orecchiette fatte a mano con le cime di rapa. La sera a letto papà l'abbracciò. «Amore mio, meno male che non hai fatto quella schifezza di pasta», le disse, al che lei, memore dei complimenti che l'avevano disturbata, sorpresa obiettò, «Ma come? Ti era piaciuta così tanto!». «Macché macché ...» rispose papà sbrigativo «Certo non potevo dirlo alla signora Castelli!». E a quel punto mamma si addormentò tranquilla stretta a lui.

Era ancora presto per parlare d'integrazione, ma le cose con il tempo sarebbero maturate.

LE ORECCHIETTE CON LE CIME DI RAPA SECONDO MAMMA

(Puglia – Molfetta)

Ingredienti per 4 persone

500 gr. di cime di rapa (il posto migliore per reperire le cime di rapa in Germania sono i negozi specializzati in

so schnell sie konnte nach Hause. Als sie schließlich erschöpft und außer Atem die Tür öffnete, hieß der beharrlich verbliebene Wirsinggeruch sie willkommen.

Waren es die Synapsen, die für sie die Entscheidung trafen? Ich weiß es nicht. Ich weiß nur, dass sie die Fenster weit aufriss und mit einer befreienden Geste Wirsing, Käse und damit auch ihre Eifersucht in den Mülleimer kippte. Dann tat sie einen tiefen Seufzer der Erleichterung. Sie drehte sich um und betrachtete wie entrückt ihr Stückchen Apulien auf dem Tisch. Sie war glücklich und ohne zu wissen, warum, war ich es nicht minder.

Meine Mutter nahm ihre Niederlage – aber war es denn eine Niederlage? – mit großer Ironie. Als wir an jenem Abend mit den Signori Castelli zusammen am Tisch saßen, präsentierte sie das Gericht. «Das hier sind die *pizzoccheri* aus meiner Heimat», und schöpfte jedem eine große Portion hausgemachter *orecchiette con cime di rapa* auf den Teller. Abends im Bett umarmte mein Vater sie. «Liebste, Gott sei Dank hast du nicht diese ekelhafte Pasta gemacht!», worauf sie, in Erinnerung an die Komplimente, die sie geärgert hatten, überrascht erwiderte: «Wie denn das? Es hatte dir doch so gut geschmeckt!» «Ach was, ach was …!», beeilte sich mein Vater zu antworten. «Aber das konnte ich Signora Castelli doch nicht sagen!» Dicht an ihn geschmiegt schlief sie daraufhin beruhigt ein.

Es war noch zu früh, um von Integration zu sprechen, aber mit der Zeit sollten die Dinge reifen.

ORECCHIETTE MIT CIME DI RAPA NACH DEM REZEPT MEINER MUTTER

(Apulien – Molfetta)

Zutaten für 4 Personen

500 g *Cime di rapa* (Wildbrokkoli, bekommt man in Deutschland am besten in auf mediterrane Küche speziali-

prodotti mediterranei), 3 cucchiai di olio extravergine di oliva, 2 spicchi di aglio, 3 filetti di acciuga sottolio, peperoncino, 250 gr. di orecchiette, sale

Preparazione

Mamma per prima cosa lava con cura le cime di rapa separando le tenere infiorescenze dalle foglie. Fa bollire 2 litri d'acqua, ci mette un pugno di sale e le cime di rapa. In un'ampia padella fa rosolare l'olio, l'aglio tagliato grossolanamente insieme all'acciuga ben scolata e spezzettata e al peperoncino. Dopo circa 7 minuti scola le cime di rapa e le mette a insaporire col trito di aglio e acciuga a fuoco basso. Nell'acqua in cui ha scottato la verdura butta a questo punto le orecchiette in modo che ne assorbano il sapore in cottura e, quando sono pronte, le scola e le fa saltare in padella a fuoco vivo per un paio di minuti, girando di continuo. Mamma consiglia di irrorare con un filo di olio a crudo prima di servire.

Vino da abbinare: Primitivo

sierten Geschäften), 3 Esslöffel Olivenöl *extravergine,* 2 Knoblauchzehen, 3 in Öl eingelegte Sardellen, *Peperoncino,* 250 g *Orecchiette,* Salz

Zubereitung

Meine Mutter wäscht zunächst sorgfältig die *cime di rapa,* wobei sie die zarten Blüten von den Blättern trennt. Sie bringt 2 l Wasser zum Kochen und gibt eine Handvoll Salz und die *cime di rapa* hinein. In einer großen Pfanne mit Öl brät sie den grob geschnittenen Knoblauch zusammen mit den gut abgetropften und klein geschnittenen Sardellen und dem *peperoncino* an. Nach ca. 7 Minuten lässt sie das Gemüse abtropfen und gibt es zu der auf kleiner Flamme köchelnden Mischung aus gehacktem Knoblauch und Sardellen. Die *orecchiette* werden in das Gemüsewasser gegeben, damit sie beim Kochen den Geschmack annehmen. Sobald sie gar sind, lässt sie sie abtropfen und mischt sie bei großer Flamme unter ständigem Rühren ein paar Minuten unter die übrigen Zutaten in der Pfanne. Mama rät, einen Schuss frisches Olivenöl vor dem Servieren darüberzugeben.

Passender Wein: Primitivo

LA FORTUNA IN TERRAZZA

Mamma ha sempre preso la vita con entusiasmo. Era costantemente allegra e per me, piccola, era come una fata leggiadra che con la sua risata metteva tutti di buon umore.

Si cuciva da sola i vestiti, orgogliosa di poter sfoggiare modelli che non si sarebbero potuti trovare a Como neanche in una boutique diceva, mentre io seduta vicino a lei le passavo gli spilli. Aveva un vestito verde militare stretto in vita con la gonna svasata che mi piaceva particolarmente perché sul davanti vi aveva attaccato delle piccole stelle marine e delle ancore colorate che avevamo scelto insieme. L'abito si adattava al suo corpo snello e giovane, le metteva in risalto gli occhi verdi e i capelli rossi facendola sembrare una vera attrice. D'estate qualche raggio di sole le accendeva il viso di lentiggini.

Nel piccolo appartamento di Como dove abitavamo, dalla cucina si accedeva a una veranda in parte coperta che, riparata da una veneziana color ocra, era diventata una piccola stanza dei giochi. Vi trascorrevo i pomeriggi primaverili ed estivi prima da sola e più tardi con Daniele. Lì giocavamo, ci facevamo i dispetti, ci adoravamo mentre mamma, sempre vicino a noi, stirava o ricamava canticchiando.

Sedevamo per terra sul pavimento di cotto, e ascoltavamo a ripetizione un disco in vinile in cui papà cantava ‹Ma non finirà›. Era così rassicurante sentire la voce calda di nostro padre che, come un vero cantante, intonava il pezzo con cui aveva vinto un concorso a Roma. La sua esecuzione nella nostra veranda-palcoscenico poteva però contare su delle coriste di eccezione, Serafino e Fiocco di Neve, due cocorite innamorate che diventavano molto loquaci in presenza di sottofondo musicale.

Serafino era verde, paffuto e tanto socievole da farsi

GLÜCK AUF DER TERRASSE

Meine Mutter hat das Leben immer mit Begeisterung genommen. Sie war stets fröhlich und für mich glich sie, als ich noch klein war, einer anmutigen Fee, die mit ihrem Lachen alle in gute Laune versetzte.

Sie nähte ihre Kleider selbst, stolz darauf, dass sie mit Modellen glänzen konnte, die man in Como – wie sie sagte – in keiner Boutique finden würde, während ich bei ihr saß und ihr die Nadeln reichte. Sie besaß ein olivgrünes Kleid, eng in der Taille, mit einem Glockenrock, das mir besonders gefiel, weil sie vorne kleine Seesterne und bunte Anker draufgenäht hatte, die wir zusammen ausgesucht hatten. Das Kleid passte sich ihrem schlanken, jugendlichen Körper an, betonte ihre grünen Augen und die roten Haare. Sie sah darin aus wie eine echte Schauspielerin. Schon ein paar Sonnenstrahlen ließen im Sommer ihr sommersprossiges Gesicht leuchten.

In unserer kleinen Wohnung in Como ging es von der Küche auf eine zum Teil überdachte Veranda, die, durch einen ockergelben Vorhang geschützt, zu einem kleinen Spielzimmer geworden war. Daniele und ich verbrachten dort im Frühjahr und Sommer die Nachmittage, ärgerten uns gegenseitig, bewunderten uns und spielten dort, während unsere Mutter, immer in unserer Nähe, trällernd bügelte oder stickte.

Wir saßen auf den Terracottafliesen und lauschten immer wieder einer Schallplatte, auf der unser Vater ‹Ma non finirà› sang. Es war so beruhigend, die warme Stimme meines Vaters zu hören, der wie ein richtiger Sänger das Lied vortrug, mit dem er einen Wettbewerb in Rom gewonnen hatte. Seine Vorführung auf unserer Verandabühne konnte dabei auf zwei außergewöhnliche Chorsänger zählen, Serafino und Fiocco di Neve (Schneeflocke), zwei verliebte Wellensittiche, die bei Musik im Hintergrund sehr gesprächig wurden.

Serafino war grün, ziemlich rundlich und so gesellig, dass er

addomesticare, saliva infatti sul mio dito e si posava sulla mia spalla. All'inizio avevamo comperato solo lui e, seguendo il consiglio del venditore, gli avevamo messo uno specchio nella gabbia per farlo sentire in compagnia. Dopo alcuni giorni di beccate pazze e paranoiche allo specchio, con cui si era anche ferito, decidemmo di regalare al poveretto una vera compagna. Fu così che comprammo Celestina. «Ecco qua una bellissima cocorita azzurra» disse sempre lo stesso venditore quando ce la porse con un sorriso sicuro. Ma la situazione non migliorò affatto perché Serafino continuò, instancabile e ossessivo, a beccare questa volta non più la sua immagine riflessa, ma la compagna impostagli che in pochi giorni si ritrovò tutta malconcia e senza piume. Pensammo che fosse impazzito e ci rivolgemmo a un altro venditore il quale svelò il mistero: la cosiddetta Celestina era in verità un Celestino e quindi Serafino, poveretto, si era ritrovato a dover difendere il suo territorio da una minaccia questa volta in carne e ossa.

Il secondo negoziante si dimostrò comprensivo e gentile con i due bambini e la loro bella mamma con il vestito verde stretto in vita, preoccupatissimi per la sorte dell'adorato pappagallino. Accettò di scambiare Celestino con una cocorita soffice e candida che chiamammo Fiocco di neve e che riuscì in pochissimo tempo a rendere la vita di Serafino dolce come una spiga di panico, il suo mangime preferito.

Sulla porta finestra che conduceva dalla cucina alla veranda avevamo convinto papà a mettere due ganci a cui appendere un'altalena che diventò ben presto motivo di litigio tra me e Daniele. All'epoca, non gli era ancora molto chiaro il concetto di «nostro», bensì solo quello di «mio» che affermava con le mani sui fianchi e un bron-

sich leicht zähmen ließ; er kletterte tatsächlich auf meinen Finger und setzte sich auf meine Schulter. Zunächst hatten wir uns nur ihn zugelegt und ihm auf Anraten des Verkäufers einen Spiegel im Käfig angebracht, damit er sich wie in Gesellschaft fühle. Nachdem er ein paar Tage wie verrückt und paranoid mit dem Schnabel auf den Spiegel eingehackt und sich dabei auch verletzt hatte, beschlossen wir, dem Armen eine echte Kameradin zu schenken. So schafften wir uns Celestina an. «Hier habe ich ein hübsches blaues Wellensittichweibchen», sagte derselbe Verkäufer, als er es uns mit einem selbstbewussten Lächeln übergab. Doch die Situation besserte sich überhaupt nicht, da Serafino unermüdlich und wie besessen weiter seine Schnabelhiebe verteilte, diesmal allerdings zielten sie nicht auf sein Spiegelbild, sondern auf die ihm aufgedrängte Kameradin, die nach wenigen Tagen übel zugerichtet war und keine Federn mehr hatte. Wir dachten, er sei verrückt geworden, und wandten uns an einen anderen Verkäufer, der das Geheimnis lüftete: Die sogenannte Celestina war in Wahrheit ein Celestino, der arme Serafino musste also diesmal sein Territorium gegen eine Bedrohung aus Fleisch und Blut verteidigen.

Der zweite Verkäufer hatte Verständnis und war sehr nett zu den beiden Kindern und ihrer hübschen Mama in dem grünen, eng taillierten Kleid, die sich so sehr um das Schicksal ihres geliebten kleinen Papageis sorgten. Er war damit einverstanden, Celestino gegen ein flauschiges schneeweißes Wellensittichweibchen einzutauschen, das wir Schneeflocke nannten und dem es in kürzester Zeit gelang, Serafinos Leben zu versüßen wie ein Hirsekolben, sein Lieblingsfutter.

Wir hatten Papa dazu überredet, am Türrahmen zur Veranda zwei Haken anzubringen und eine Schaukel aufzuhängen, die sehr bald Anlass zu Streitereien zwischen Daniele und mir bot. Damals war ihm der Begriff «unser» noch nicht geläufig, nur das «Mein», dem er Nachdruck verlieh, indem er, die Hände in die Hüften gestemmt, einen wirklich «schrecklichen» Schmoll-

cio da vero «duro» molto simile al muso di un carlino arrabbiato. L'oggetto del contendere durò comunque poco perché ne approfittò un nostro amico decisamente grasso che la ruppe e papà colse così l'occasione per eliminarla definitivamente insieme ai nostri capricci.

Daniele a quei tempi era terribile e terribilmente bello. Era forte come un torello, con delle gambette storte e cicciotte tutte da mordicchiare, i capelli chiari e spettinati, e la faccia coperta di lentiggini. Mi faceva sempre arrabbiare, ma non riuscivo ad avercela con lui, per me era come un bambolotto che mi spupazzavo e da cui ogni tanto mi prendevo un sonoro pugno in testa o una forte tirata di capelli. Altre volte invece era docile come il fratello che avevo sempre sognato, si lasciava insegnare quello che io, più grande, sapevo fare. L'ultima cosa che gli insegnai fu andare in bicicletta. Me ne pentii subito amaramente perché da quel momento in poi non ebbi più un mezzo di locomozione. Come tutto il resto anche la bicicletta diventò «mia, mia» e dopo poco «è otta, è otta», un «è rotta» di cui non si sentiva la erre perché sia io che lui ce l'abbiamo moscia.

Così trascorreva la vita di noi bambini nel nostro sereno mondo di mezzo, dove mamma faceva di tutto per farci star bene offrendoci e preparandoci quello che aveva fatto star bene lei a casa, in Puglia. Papà da parte sua quando tornava dal lavoro prendeva la chitarra e ci cantava canzoni e filastrocche mentre la sera, per farci addormentare, ci raccontava storie sulla sua infanzia in campagna.

D'estate, a volte, la veranda si trasformava improvvisamente in uno di quei soleggiati e caldi terrazzi del sud dove le famiglie numerose mettono ad asciugare la pasta fatta in casa, a seccare i pomodori o i peperoni per le conserve. Questo in piccolo capitava anche da noi quando mamma faceva la «pasta della fortuna». Si trattava della tipica pasta pugliese chiamata «triddo» che la

mund zog, wie die Schnauze eines wütenden Mopses. Das Streitobjekt gab es jedoch nicht lange, da ein eindeutig zu dicker Freund von uns sie benützte und zerbrach. Da ergriff unser Vater die Gelegenheit, sie zusammen mit unseren Reibereien endgültig abzuschaffen.

Daniele war zu jener Zeit schrecklich und schrecklich schön zugleich. Er war stark wie ein junger Stier, mit zum Reinbeißen dicken, krummen Beinchen, hellen, verwuschelten Haaren und einem Gesicht voller Sommersprossen. Er ärgerte mich ständig, aber es gelang mir nicht, böse auf ihn zu sein, er war für mich wie ein Puppenjunge, der mich puffte und mir immer wieder mal eine krachende Kopfnuss verpasste oder mich kräftig an den Haaren zog. Dann wieder war er sanft wie der Bruder, von dem ich immer geträumt hatte, und ließ sich von mir Dinge beibringen, die ich als die Größere schon konnte. Zuletzt war es das Radfahren. Ich bereute es sofort, weil ich von dem Augenblick an kein Fortbewegungsmittel mehr hatte. Wie alles andere wurde mein Fahrrad auch « meins, meins » und nach kurzer Zeit war es *«otta»* (« putt »); es sollte *rotta* (« kaputt ») heißen, wobei man das « R » nicht hörte, weil wir beide ein weiches « R » sprechen.

So verbrachten wir Kinder das Leben in unserer heiteren Zwischenwelt, in der unsere Mutter alles tat, damit es uns gut ging, und uns all das bot und bereitete, was ihr zu Hause in Apulien gutgetan hatte. Mein Vater wiederum nahm, wenn er von der Arbeit nach Hause kam, die Gitarre und sang für uns Kinderlieder und Reime und abends erzählte er uns zum Einschlafen Geschichten über seine Kindheit auf dem Land.

Im Sommer verwandelte sich die Veranda manchmal unversehens in eine dieser sonnigen, warmen Terrassen im Süden, wo vielköpfige Familien selbstgefertigte Pasta sowie Tomaten und Paprika zum Einmachen zum Trocknen auslegen. Im Kleinen war das auch bei uns so, wenn meine Mutter *«pasta della fortuna* – Glückspasta » zubereitete. Es handelte sich um die typische apulische Pasta, genannt *triddo*, die phantasievolle Frauen ihrer

fantasia delle donne della sua famiglia aveva soprannominato « pasta della fortuna » e tramandato di generazione in generazione. Per noi quel giorno era sempre una festa e lei poteva contare su due solerti aiutanti.

Per l'occasione la veranda si vestiva di sud. Portavamo fuori il tavolo della cucina e lo coprivamo con un telo bianco proprio come faceva nonna quando preparava le orecchiette o quando metteva a essiccare i pomodori. Mamma preparava l'impasto di semola di grano duro e poi a pezzi lo infilava nella fessura della macchina per la pasta mentre io giravo la manovella con due mani. Ne uscivano tante lunghe strisce larghe e piatte. Daniele le raccoglieva con le manine e, appena la striscia era uscita tutta, facendo grande attenzione la metteva ad asciugare. Sia io che lui eravamo ansiosi che l'aria e il sole portassero a compimento la loro azione perché solo allora cominciava il vero divertimento. Protetti da due grembiuli più grandi di noi iniziavamo a sminuzzare le strisce gialle in tanti pezzetti dalle forme irregolari. La gioia più grande però era quella di fare dei pezzi più grossi, le cosiddette « fortune » che, guarda caso, capitavano in numero perfettamente uguale nel piatto mio e di Daniele.

« Ma che bello, siete proprio fortunati ! » diceva mamma quando ci riempiva i piatti di brodo in cui, tra i pezzetti irregolari, galleggiavano quelli grandi di pasta della fortuna. E noi ci sentivamo davvero speciali perché mangiavamo qualcosa che per noi profumava d'amore, di famiglia, di baci e di compagnia in quell'isola felice che pur essendo su un lago del nord, pulsava di sud.

Familie scherzhaft «Glückspasta» genannt und von Generation zu Generation überliefert hatten. Für uns war dieser Tag immer ein Fest und meine Mutter konnte auf zwei emsige Helfer zählen.

Zu dieser Gelegenheit verwandelte sich die Veranda und trug das Gewand des Südens. Wir stellten den Küchentisch hinaus und bedeckten ihn mit einem weißen Tuch, so wie meine Großmutter es machte, wenn sie *orecchiette* zubereitete oder wenn sie Tomaten zum Trocknen auslegte. Meine Mutter bereitete den Teig aus Hartweizengrieß vor und führte ihn dann Stück für Stück in den Schlitz der Maschine, während ich mit beiden Händen die Kurbel drehte. Heraus kamen lange, breite flache Streifen. Daniele fing sie mit den Händchen auf und sobald einer vollständig draußen war, legte er ihn ganz vorsichtig zum Trocknen. Wir konnten beide kaum erwarten, dass Luft und Sonne ihre Aufgabe erfüllten, denn erst dann begann das wahre Vergnügen. Mit zwei Schürzen versehen, die uns viel zu groß waren, begannen wir die gelben Streifen in viele kleine, unregelmäßige Stückchen zu brechen. Den meisten Spaß hatten wir aber, wenn wir etwas größere Stückchen machten, die sogenannten «Glücksbringer», von denen – was für ein Zufall – jeweils haargenau gleich viele auf meinem und Danieles Teller landeten.

«Ach, wie schön, ihr habt ja wirklich Glück!», sagte unsere Mutter, wenn sie unsere Teller mit Brühe füllte, in der zwischen den unregelmäßigen Stückchen die großen Glücksbringer schwammen. Wir fühlten uns wirklich ganz besonders, weil wir etwas aßen, das für uns Liebe, Familie, Küsse und Gemeinschaft verströmte auf dieser Insel der Glückseligkeit, die an einem See im Norden lag und wie Süden pulsierte.

PASTA DELLA FORTUNA DI MAMMA PER I SUOI BAMBINI

(Puglia – Molfetta)

Ingredienti per 4 persone

PASTA
250 gr. di farina di semola di grano duro, 2 uova, una manciata di prezzemolo tritato, un pizzico di sale, un limone biologico

Una manciata di parmigiano grattugiato

Preparazione
Disponete la farina di semola a fontana sulla spianatoia, rompetevi le uova insieme a del prezzemolo tritato. Lavorate con le mani per ricavarne un impasto di una certa consistenza ed elasticità. Fatene dei pezzi che passerete più volte nella macchinetta fino a ottenere una sfoglia leggera. Mamma procede riducendo progressivamente lo spazio tra i rulli della macchinetta fino ad arrivare all'ultima tacca che garantisce uno spessore sottilissimo.

Mettete le sfoglie su un panno ad asciugare all'aria e dedicatevi alla preparazione del brodo.

BRODO

mezzo chilo di carne (tagli misti di vitello, manzo, maiale, pollo), 1 cipolla, 1 carota, 1 gambo di sedano, 1 patata, prezzemolo, sale, chiodi di garofano (facoltativo), 1 foglia di alloro (facoltativo)

Preparazione
In una pentola capace mettete la carne nell'acqua a freddo insieme alla patata, al sedano, alla carota e alla

MAMAS PASTA DELLA FORTUNA (GLÜCKSPASTA) FÜR IHRE KINDER

(Apulien – Molfetta)

Zutaten für 4 Personen

TEIG
250 g Hartweizengrieß, 2 Eier, eine Handvoll gehackte glatte Petersilie, etwas Salz, eine Bio-Zitrone

Eine Handvoll geriebenen Parmesan Käse

Zubereitung
Den Hartweizengrieß auf ein Nudelbrett geben, Eier und gehackte Petersilie in die vorbereitete Mulde geben. Den Grieß mit den Händen zu einem festen, elastischen Teig kneten. Anschließend Teigstücke aus der Masse jeweils mehrfach durch die Nudelmaschine schieben, um eine dünne Teigschicht zu erhalten. Dabei verringert meine Mutter nach und nach den Abstand zwischen den Rollen der Maschine bis zur letzten Stufe für besonders dünnen Teig.

Die Teigschichten zum Trocknen auf ein Tuch an die Luft legen und mit der Vorbereitung der Brühe beginnen.

BRÜHE
½ kg Fleisch (gemischt Kalb, Rind, Schwein, Huhn), 1 Zwiebel, 1 Karotte, 1 Stange Staudensellerie, 1 Kartoffel, Petersilie, Salz, Gewürznelken (nach Belieben), 1 Lorbeerblatt (nach Belieben)

Zubereitung
Kartoffel, Sellerie, Karotte und Zwiebel, in die die Nelken eingedrückt sind, zusammen mit dem Fleisch in einen

cipolla in cui avrete conficcato i chiodi di garofano. Se si vuol risparmiare tempo, mamma consiglia di usare la pentola a pressione e in soli 20 minuti si avrà un buon brodo, altrimenti ci vorranno un paio d'ore.

Quando il brodo è pronto, sminuzzate la sfoglia in pezzi irregolari tenendone alcuni più grandi che verranno a costituire appunto le « fortune ». Se avete dei bambini fatelo con loro, si ricorderanno questi momenti anche da adulti.

Cucinate la pasta a parte in acqua leggermente salata e, a poco più di metà cottura, scolatela e versatela in una zuppiera capiente che irrorerete abbondantemente di brodo. Spolverate con una bella manciata di parmigiano grattugiato.

I pezzi di carne conditi con olio, sale e capperi costituiscono un ottimo secondo piatto.

Vino da abbinare: Nero di Troia

großen Topf mit kaltem Wasser geben. Zur Zeitersparnis empfiehlt meine Mutter einen Dampfkochtopf, in dem eine gute Brühe in 20 Minuten statt in mehreren Stunden gekocht werden kann.

Wenn die Brühe fertig ist, den ausgerollten Teig in verschieden große Stücke zerkleinern, wobei einige davon, die dann die «Glücksbringer» sind, größer sein sollen. Wenn ihr Kinder habt, macht es mit ihnen zusammen, sie werden sich noch als Erwachsene daran erinnern.

Die Teigstücke separat in leicht gesalzenem Wasser kochen und, wenn sie gut halbgar sind, abgießen, in eine große Suppenschüssel geben und reichlich mit der fertigen Brühe übergießen. Eine gute Handvoll geriebenen Parmesankäse darüber streuen.

Die mit Öl, Salz und Kapern angerichteten Fleischstücke sind ein sehr guter Hauptgang.

Passender Wein: Nero di Troia

A mamma piaceva portarci in giro per i prati, ci insegnava a riconoscere gli animali e ogni tipo di pianta.

Sulle prime la passione per la botanica mi coinvolse talmente che per un periodo della mia infanzia mi misi a raccogliere e mangiare qualunque pianta trovassi. Diventai nel giro di pochissimo tempo una vera esperta, sapevo dove trovare i trifogli con le foglie a cuore dal sapore aspro di limone, i dolci fiori di glicine e i graspi teneri dell'uva. All'età di sei anni avevo scandagliato tutte le piante del prato vicino a casa senza mai pormi il problema di incappare in qualche pianta velenosa, né di quanti cani o gatti le avessero innaffiate. Fortunatamente ancora viva e vegeta, avevo però la bocca e le mani perennemente verdi e mi ero guadagnata in famiglia il soprannome di « capretta ».

Una volta ebbi una pessima idea che avrebbe messo fine a questa mia appassionata attività. Portai a casa una scelta delle mie piante preferite per farle assaggiare a mamma e papà : quelle con le foglie a cuore insieme ad altri steli d'erba che avevano un gusto particolare. Entrai entusiasta e andai dritta in cucina. « Mamma, mamma, assaggia queste erbe, senti come sono buone ! » dissi porgendole allegra il mio mazzetto di delizie. Mamma strabuzzò gli occhi. Indossavo un bel vestitino rosa a fiorellini che mi aveva cucito con le sue mani e con il filo dell'amore, a cui in realtà era rimasto ben poco di rosa perché era tutto sporco di verde e di terra. Le ginocchia erano sbucciate, per raccogliere i trifogli mi ero dovuta arrampicare su una cunetta e ne ero scivolata più volte. Intorno alle labbra spiccava un alone verde e i due codini, che mamma mi aveva

ERSTE LEIDENSCHAFTEN

Mama ging gerne mit uns über die Wiesen spazieren, damit wir die Tiere und die verschiedenen Pflanzen kennenlernten.

Anfangs fesselte mich die Leidenschaft für die Botanik so sehr, dass ich eine Phase meiner Kindheit damit zubrachte, jede Pflanze zu pflücken und zu essen, die ich entdeckte. In kürzester Zeit wurde ich zur regelrechten Expertin, wusste, wo ich den Klee mit den herzförmigen Blättern fand, die sauer nach Zitrone schmeckten, die süßen Glyzinienblüten und die zarten Rispen der Trauben. Im Alter von sechs Jahren hatte ich bereits alle Pflanzen erkundet, die es auf der Wiese in der Nähe unseres Hause gab, ohne mir je darüber Gedanken zu machen, ob es sich vielleicht um eine giftige Pflanze handelte und wie viele Hunde oder Katzen sie schon « begossen » haben mochten. Zum Glück blieb ich gesund und munter, doch Mund und Hände waren ständig grün, was mir in der Familie den Spitznamen « Zicklein » einbrachte.

Eines Tages hatte ich eine sehr dumme Idee, die meiner leidenschaftlichen Beschäftigung ein Ende setzen sollte. Ich brachte eine Auswahl meiner Lieblingspflanzen mit nach Hause, um sie Mama und Papa kosten zu lassen: die mit den herzförmigen Blättern zusammen mit anderen, die einen ganz besonderen Geschmack hatten. Begeistert kam ich herein und ging direkt in die Küche. « Mama, Mama, probier mal diese Gräser, riech mal, wie gut die sind ! » Und ich reichte ihr entzückt mein Sträußchen von Kostbarkeiten. Meine Mutter verdrehte nur die Augen. Ich trug ein hübsches rosageblümtes Kleid, das sie liebevoll für mich genäht hatte und an dem offen gestanden ziemlich wenig Rosa geblieben war, da es voll grüner Flecken und Erde war. Die Knie waren aufgeschürft, denn ich musste, um den Klee zu erreichen, auf eine Böschung klettern und war mehrmals abgerutscht. Mein Mund war grün verschmiert und die beiden Zöpfchen, die meine Mutter mir ein paar Stunden

fatto con grande cura qualche ora prima, ormai erano mezzi flosci e pieni di fili d'erba. Allo sguardo di mamma seguì un urlo sovrumano e un gesto fulmineo: mi strappò il mio mazzetto di delizie dalle mani strillando, « Che schifo, che schifo ! Come ti salta in mente di mangiare questa roba, chissà quanti cani ci hanno fatto la pipì sopra ! ». Poi mi buttò in vasca da bagno. Da quel giorno mi fu tassativamente proibito di mangiare le piante del prato.

Fu un momento duro, ci misi un po' di tempo ad abituarmi e soprattutto a trovarmi un'altra occupazione. Andare a raccogliere cibo era un mio istinto primordiale, ereditato dai miei avi raccoglitori, ma dovevo imparare a tenerlo a freno. A sei anni mi ritrovai da un giorno all'altro disoccupata e molto arrabbiata. Come avrei passato i miei pomeriggi? Tutto mi sembrava futile rispetto alla nobile attività di provvedere al mio sostentamento. Soprattutto noiose mi sembravano quelle stupide Barbie con cui giocavano le altre bambine del condominio che invece si divertivano un sacco ! Mamma si preoccupava della mia mestizia ma ribadiva il suo veto e mi incitava, « Giulia, gioca con le amichette, cosa fai sempre in giro a mangiare quelle schifezze ! ». Qualche tempo dopo manco a dirlo per farsi perdonare, con mia grande costernazione mi fece il peggiore dei regali: una bellissima Barbie !

A farmi uscire dal primo periodo di disoccupazione della mia vita fu Daniele. A cosa serve un fratello più piccolo se non per tenere occupata la sorella più grande? Escogitai dunque il primo piano B della mia esistenza: grazie a lui sarei diventata « maestra ». Decisi che avrei speso tutte le energie che prima dedicavo alle piante con Daniele per insegnargli a scrivere.

Mio fratello a quattro anni era un bambino imperti-

zuvor sorgfältig geflochten hatte, befanden sich in Auflösung und waren voller Grashalme. Bei meinem Anblick stieß meine Mutter einen überirdischen Schrei aus; blitzschnell riss sie mir mein Kräutersträußchen aus den Händen und kreischte: «Wie eklig, wie eklig! Was fällt dir ein, dieses Zeugs zu essen, wer weiß, wie viele Hunde da schon Pipi drüber gemacht haben!» Dann steckte sie mich in die Badewanne. Von diesem Tag an war es mir ausdrücklich verboten, die Pflanzen von der Wiese zu essen.

Das war hart und ich brauchte eine Weile, mich daran zu gewöhnen, insbesondere mir eine andere Beschäftigung zuzulegen. Auf Nahrungssuche zu gehen, war mein Urinstinkt, ich hatte ihn von meinen Sammlervorfahren geerbt. Doch jetzt musste ich lernen, ihn zu zügeln. Ich war mit sechs Jahren von einem Tag auf den anderen arbeitslos und sehr zornig. Wie sollte ich meine Nachmittage verbringen? Alles erschien mir belanglos, verglichen mit der edlen Beschäftigung, für meinen Unterhalt zu sorgen. Ganz besonders langweilig fand ich diese doofen Barbie-Puppen, mit denen die anderen Mädchen im Haus spielten und sich dabei blendend amüsierten! Meine Mutter sorgte sich um meine Traurigkeit, betonte jedoch ihr Verbot. «Giulia, spiel doch mit deinen Freundinnen», forderte sie mich auf, «was soll denn das, immer herumstreunen und dieses scheußliche Zeug essen!» Einige Zeit später machte sie mir, vielleicht um sich zu entschuldigen, zu meiner Bestürzung das schlimmste Geschenk: eine wunderschöne Barbie-Puppe!

Wer mich aus der ersten Arbeitslosigkeit meines Lebens holte, war Daniele. Wozu ist denn sonst ein kleiner Bruder gut, wenn nicht dazu, die ältere Schwester zu beschäftigen? Ich dachte mir also den ersten Plan B meines Lebens aus. Ihm war es zu verdanken, dass ich «Lehrerin» werden sollte. Ich beschloss, meine ganze Energie, die ich früher den Pflanzen gewidmet hatte, auf Daniele zu verwenden und ihm das Schreiben beizubringen.

Mein Bruder war mit vier Jahren ein frecher, neugieriger

nente e curioso. Cominciammo la prima lezione. Dopo qualche minuto ogni mia ambizione era svanita e piangevo massaggiandomi la testa nel punto in cui Daniele, infastidito da tanta dedizione, mi aveva tirato i capelli. Nonostante la mia tenacia, stavo quasi per abbandonare la sfida quando mamma mi venne in soccorso con un'idea.

La sera noi bambini mangiavamo con gran gusto la minestrina in brodo con la pastina e un formaggino sciolto. Di solito sceglievamo le stelline, le tempestine, i ditalini. Quella volta mamma volle fare qualcosa di diverso. La signora Castelli le aveva dato la ricetta della « Zuppa d'imbroglio », una zuppa tipica di Como che assomigliava a un minestrone di verdura e mamma decise di aggiungerci della pastina a forma di letterine. « Guarda, Daniele, guarda cosa c'è nel brodo insieme alla verdura, ci sono tante letterine così puoi imparare a scrivere il tuo nome ! ». Daniele, inconsapevole di cadere in una trappola d'affetto, guardò con interesse l'alfabeto che galleggiava tra i pezzi di carota, patata e sedano. Mamma mi aveva aperto la strada e così gli suggerii un gioco nuovo : cercare le lettere e metterle da parte sul bordo della scodella per formare le parole. Lui, entusiasta, volle subito imparare a scrivere il suo nome mentre io esultavo : in poco tempo da semplice raccoglitrice ero diventata addirittura maestra !

Forse fu in omaggio a quel mio memorabile passaggio di ruolo che le letterine rimasero la mia pastina preferita, però con l'immancabile e fantastica « Zuppa d'imbroglio » che, se allora mi riportava alla mia prima passione agricolo-bucolica, oggi conforta le mie serate invernali in Baviera.

kleiner Junge. Wir begannen mit der ersten Lektion. Nach ein paar Minuten war bereits jeglicher Ehrgeiz in mir erloschen, ich weinte und rieb mir den Kopf an der Stelle, wo mein Bruder, dem so viel Zuwendung lästig war, mich an den Haaren gezogen hatte. Trotz meiner Zähigkeit war ich drauf und dran, aufzugeben, wäre mir meine Mutter nicht mit einer Idee zu Hilfe gekommen.

Wir Kinder aßen abends sehr gerne Gemüsesuppe mit Nudeln und geschmolzenem Käse. Normalerweise wählten wir Nudeln in Form von Sternchen, Linsen oder Fingerhütchen aus. Diesmal wollte unsere Mutter etwas anderes machen. Signora Castelli hatte ihr das Rezept für die *zuppa d'imbroglio,* die «Betrugssuppe», gegeben, eine typische Suppe aus Como, ähnlich der Minestrone, und meine Mutter beschloss, kleine Buchstabennudeln hineinzugeben. «Sieh mal, Daniele, sieh mal, was mit dem Gemüse in der Suppe ist, da sind ganz viele kleine Buchstaben drin, mit denen kannst du deinen Namen schreiben!» Daniele, der nicht merkte, dass er in eine liebevolle Falle tappte, betrachtete mit Interesse das Alphabet, das zwischen den Karotten-, Kartoffel- und Selleriestückchen schwamm. Mama hatte mir den Weg geebnet und so schlug ich ihm ein neues Spiel vor: die Buchstaben zu suchen und sie auf den Tellerrand zu legen, um Wörter zu bilden. Er war begeistert und wollte sofort seinen Namen schreiben lernen, während ich frohlockte. In kurzer Zeit war von einer einfachen Sammlerin aus mir eine richtige Lehrerin geworden!

Die Buchstaben blieben meine Lieblingssuppennudeln und damit huldigte ich vielleicht diesem denkwürdigen Rollenwechsel; die unvermeidliche und phantastische *zuppa d'imbroglio* führte mich damals wieder zu meiner agrar-bukolischen Leidenschaft zurück und tröstet mich heute über die winterlichen Abende in Bayern hinweg.

ZUPPA D'IMBROGLIO DELLA SIGNORA CASTELLI

(Lombardia – Como)

Ingredienti per 6 persone

Olio di oliva, 100 gr. di lardo, 1 ciuffo di prezzemolo, 1 spicchio d'aglio, 1 cipolla piccola, 2 gambi di sedano, 2 carote, 300 gr. di fagiolini freschi, mezzo chilo di patate, 2 zucchine, 1 porro, una verza piccola, 300 gr. di coste, 150 gr. di cime di ortiche, 2 litri di brodo di carne, parmigiano grattugiato a piacere, sale, pepe

6 fettine di pane raffermo o tostato

Preparazione
Lavare le verdure, tagliare grossolanamente la verza, il prezzemolo, le coste e fare a tocchetti o a rondelle il resto. In una pentola rosolare il lardo, che in precedenza avrete fatto a pezzettini, con l'olio. Aggiungere le verdure tranne le patate e il prezzemolo e lasciare insaporire per circa dieci minuti. Bagnare con il brodo, insaporire con sale e pepe e lasciar cuocere per circa due ore unendo le patate a metà cottura. Alla fine spolverare con il prezzemolo tritato e il parmigiano.

Servire con le fettine di pane a parte.

Vino da abbinare: Curtefranca Bianco

ZUPPA D'IMBROGLIO (BETRUGSSUPPE) VON SIGNORA CASTELLI

(Lombardei – Como)

Zutaten für 6 Personen

Olivenöl, 100 g Speck, 1 kleiner Bund glatte Petersilie, 1 Knoblauchzehe, 1 kleine Zwiebel, 2 Stangen Staudensellerie, 2 Karotten, 300 g frische grüne Bohnen, ½ kg Kartoffeln, 2 Zucchini, 1 Stange Lauch, 1 kleiner Wirsingkopf, 300 g Mangold, 150 g Brennnesselspitzen, 2 l Fleischbrühe, geriebenen Parmesan nach Belieben, Salz, Pfeffer

6 Scheiben altes oder getoastetes Brot

Zubereitung

Gemüse waschen, Wirsing, Petersilie, Mangold in grobe Stücke schneiden bzw. hacken, den Rest in kleine Stücke oder Scheiben. Den kleingeschnittenen Speck in einer Pfanne in Öl anbraten. Gemüse, außer Kartoffeln und Petersilie, dazugeben und ca. 10 Minuten durchziehen lassen. Mit Brühe aufgießen, mit Salz und Pfeffer abschmecken und ca. 2 Stunden köcheln lassen, die Kartoffeln nach der Hälfte der Kochzeit hinzugeben. Zum Schluss gehackte Petersilie und Parmesan darüber streuen.

Dazu die Brotscheiben servieren.

Passender Wein: Curtefranca Bianco

IL RISVEGLIO

In treno l'altoparlante annuncia che siamo al Brennero. Ci fermiamo per una lunga sosta, i finanzieri e i poliziotti con le loro espressioni serie salgono insieme ai cani. Vedo un venditore ambulante di snack e caffè al binario e naturalmente non posso esimermi dal bere un espresso e comprarmi un panino italiano. Scendo un attimo dal treno e l'aria frizzante mi dà una carica di energia. Il Brennero non è solo un valico di frontiera geografico per me, ma un varco psicologico, l'entrata a un diverso mondo dei sensi.

Le prime volte che venivo da Monaco proprio da questo punto in poi del viaggio mi sembrava che improvvisamente la mia mente si risvegliasse precipitando in un mondo confuso, vitale, quasi isterico. Nel momento stesso in cui mi risintonizzavo gioiosamente sulla mia lingua madre, captando senza sforzo tutto quanto veniva detto intorno a me, venivo risucchiata da un mare di parole. Mi ritrovavo, senza volerlo, a udire mille discorsi e discussioni, racconti e telefonate. Questo non capita con il tedesco che, nonostante gli anni in Germania, rimane sempre una lingua straniera rispetto alla quale la mia mente, per non stancarsi troppo, seleziona le informazioni. Per esempio in Germania, se sono in autobus o in treno non capisco né bado alle conversazioni telefoniche o ai discorsi che non mi riguardano e la mia soglia dell'attenzione in un certo senso cede rendendomi completamente impermeabile a essi. Ma quando è la mia lingua a essere parlata non ho scampo e conversazioni, lamentele, risate, litigi entrano fatalmente nelle mie orecchie.

Anche ora infatti la mia attenzione, come una scimmia irrequieta, saltella qua e là, si aggrappa alla signora che rimprovera al telefono la figlia, a cui vorrei dire di non essere così severa, osserva l'uomo impegnato a prendere

DAS ERWACHEN

Der Lautsprecher im Zug kündigt unsere Ankunft am Brenner an. Wir haben einen längeren Aufenthalt, Zollbeamte und Polizisten mit ernsten Gesichtern steigen mit Hunden zu. Auf dem Bahnsteig sehe ich einen Snack- und Kaffeeverkäufer. Ich kann mich natürlich nicht zurückhalten, ich muss einen Espresso trinken und einen italienischen Panino kaufen. Ich steige für einen Augenblick aus, die prickelnde Luft gibt mir einen Energieschub. Der Brenner ist für mich nicht nur eine geographische Grenze, sondern ein psychologischer Übergang, der Eintritt in eine andere Wahrnehmungswelt.

Als ich die ersten Male aus München kam, schien an diesem Punkt der Reise mein Geist ganz plötzlich zu erwachen und in eine verworrene, vitale, fast hysterische Welt zu stürzen. In dem Augenblick, in dem ich mich voller Freude wieder auf meine Muttersprache einstimmte und beiläufig alles aufschnappte, was um mich herum gesprochen wurde, sog ein Meer von Worten mich auf. Ohne es zu wollen, hörte ich tausend Gespräche und Diskussionen, Erzählungen und Telefonate. So ergeht es mir beim Deutschen nicht, das trotz der vielen Jahre in Deutschland immer eine fremde Sprache bleibt, und um mich nicht zu sehr zu ermüden, wählt mein Kopf die Informationen aus. In einem Bus oder Zug in Deutschland verstehe und beachte ich die mich nicht betreffenden Telefonate oder Gespräche gar nicht, meine Aufmerksamkeitsschwelle sinkt und ich bin völlig abgeschirmt. Wird jedoch meine Sprache gesprochen, gibt es kein Entrinnen und Unterhaltungen, Klagen, Gelächter und Streitereien dringen unausweichlich an mein Ohr.

Auch jetzt springt meine Aufmerksamkeit tatsächlich wie ein unruhiger Affe hin und her, heftet sich an die Signora, die ihrer Tochter am Telefon Vorwürfe macht und zu der ich gerne sagen würde, sie möge nicht so streng sein, beobachtet den Mann,

un appuntamento di lavoro, e si ferma sui bambini che litigano a cui mi piacerebbe abbassare il volume con un telecomando.

In questi momenti mi accorgo che la vita in Germania mi sta cambiando. L'Italia caotica e caciarona, infatti, ormai mi disturba un po', così come lo smisurato ego di chi con noncuranza si spende nelle conversazioni più private e intime al telefonino di fianco a me, per non dire poi dello squillare continuo delle suonerie con le loro musichette tutte rigorosamente irritanti. La lista è lunga, sono tante le cose a cui quando stavo in Italia ero abituata e che accettavo automaticamente, ma che ora non mi convincono più. Così mi imbarazzo quando Barbara fa qualche domanda o qualche considerazione del tutto ovvia su certi temi. Una volta, avrà avuto sei anni, eravamo a Roma e una macchina ci stava per investire tutti e tre sulle strisce pedonali. La domanda è arrivata immancabile: « Mamma, perché le macchine non si fermano per far passare le persone? » Nell'attimo di riflessione necessario per trovare una risposta plausibile mi precedette Thomas: « *Weil es Italiener sind* » (Perché sono Italiani). Questo tipo di frase mi infastidisce sempre perché è la tipica generalizzazione in cui si ricade troppo spesso, ma che ohimè contiene il suo pizzico di verità. In Germania gli automobilisti si fermano davanti alle strisce pedonali.

A questi pensieri nervosi il mio corpo reagisce addentando il panino che ho appena comprato. Poca soddisfazione purtroppo, plastica pura, ma cosa ci mettono dentro, come fanno a fare un panino così cattivo in Italia? Con insofferenza lo rimpacchetto e lo rimetto in borsa, bisogna essere proprio affamati per mangiarlo!

« Le cose comprate non sono mai buone come quelle fatte in casa! ». Nella testa mi risuona il monito di mia madre che, coerentemente con quello che predicava, non ci ha mai comprato niente di già pronto.

der dabei ist, einen beruflichen Termin zu vereinbaren, und bleibt bei den streitenden Kindern hängen, deren Lautstärke ich gerne mit einer Fernbedienung herunterfahren würde.

In solchen Momenten stelle ich fest, dass das Leben in Deutschland mich verändert. Das chaotische und laute Italien nervt mich tatsächlich inzwischen ein wenig, ebenso wie das vermessene Ego desjenigen, der unverblümt neben mir privateste und intimste Unterhaltungen führt, ganz zu schweigen von den ständigen Klingeltönen mit ihrem absolut störenden Gedudel. Die Liste ist lang, es gibt so viele Dinge, an die ich, solange ich in Italien lebte, gewöhnt war und die ich selbstverständlich akzeptiert habe, die mich jetzt aber nicht mehr überzeugen. So bin ich leicht verlegen, wenn sich Barbara ganz natürlich eine Frage oder eine Bemerkung zu gewissen Themen aufdrängt. Eines Tages, sie wird etwa sechs Jahre alt gewesen sein, waren wir in Rom und ein Auto hätte uns drei auf dem Zebrastreifen fast angefahren. Prompt kam die Frage: « Mama, warum halten die Autos nicht, um die Leute vorbeizulassen? » Um den Augenblick, den ich brauchte, um eine glaubwürdige Antwort zu geben, kam Thomas mir zuvor: « Weil es Italiener sind. » Diese Art von Satz ärgert mich immer, weil es sich dabei um die typische Verallgemeinerung handelt, auf die man allzu oft verfällt, die jedoch leider ein Körnchen Wahrheit enthält. In Deutschland halten die Autos vor dem Zebrastreifen.

Auf diese nervösen Gedanken reagiert mein Körper mit einem Biss in den soeben erstandenen *panino*. Der ist leider nicht sehr befriedigend, reines Plastik, was machen sie denn da rein, wie kann man nur in Italien einen so schlechten *panino* machen? Unduldsam packe ich ihn wieder ein und stecke ihn in die Tasche. Um so was zu essen, muss man wirklich Hunger haben!

« Gekaufte Sachen sind nie so gut wie die zu Hause zubereiteten! » In meinem Kopf ertönt die Mahnung meiner Mutter, die uns im Einklang mit dem, was sie predigte, nie etwas bereits fertig Zubereitetes gekauft hat.

Anche quando partivamo per il sud mamma ha sempre cucinato lei il cibo che ci saremmo portati in treno. Preparava a volte una frittata, magari con i carciofi sapendo che mi piacevano tantissimo, a volte una cotoletta alla milanese da mettere in un panino e, quando aveva tempo, una fantastica parmigiana di melanzane, secondo la ricetta di nonna Alda, sua madre. Quando mamma preparava la parmigiana io non potevo mancare; mi piaceva tantissimo guardare l'olio che friggeva le fette di melanzana e mi affascinavano le bollicine che come un merletto si formavano sul bordo delle fette. In verità quello che mi interessava di più era riuscire a rubacchiare un po' di formaggio cosa da cui non mi tiravo mai indietro. Una volta terminato il capolavoro, ovviamente avevo il permesso di assaggiarlo. Che bontà ! La parmigiana si scioglieva in bocca, e chiudevo gli occhi per concentrarmi meglio sul gusto della melanzana, del pomodoro e della mozzarella che si univano in un perfetto matrimonio a tre.

Mamma la faceva raffreddare prima di metterla in un contenitore per il viaggio, insieme ai piattini e alle posate di plastica, così quando ci saremmo messi comodi in treno nella cuccetta tutta per noi, prima di dormire, avremmo cenato.

Era una bellissima sensazione, tutti e quattro in un piccolo scompartimento solo per noi dove mangiavamo, ridevamo e scherzavamo perché Daniele o io perdevamo il boccone a causa del movimento del treno e papà con una prontezza di riflessi da atleta lo afferrava nell'aria con le dita e se lo mangiava. Alla fine dormivamo vicini, mamma e papà sotto e io e Daniele sopra. Una vicinanza che pregustavamo come antipasto al festoso banchetto di affetti che ci aspettava dai nonni.

Auch wenn wir in den Süden fuhren, hat Mama immer das Essen gekocht, das wir in den Zug mitnehmen würden. Manchmal machte sie eine *frittata,* etwa mit Artischocken, weil sie wusste, dass ich das sehr gerne mochte, manchmal eine *cotoletta alla milanese* für einen *panino*, und wenn sie Zeit hatte, machte sie eine wunderbare *parmigiana* mit Auberginen, nach dem Rezept von Großmutter Alda, ihrer Mutter. Wenn Mama die *parmigiana* zubereitete, durfte ich nicht fehlen. Mir gefiel es so sehr zuzusehen, wie die Auberginenscheiben im Öl brieten, mich faszinierten die kleinen Bläschen, die sich am Rand der Scheiben wie Spitze bildeten. Was mich natürlich am meisten reizte, war, ein Stück Käse zu stibitzen, etwas, worauf ich niemals verzichtet hätte. Nachdem das Meisterstück gelungen war, bekam ich selbstverständlich die Erlaubnis, es zu probieren. Was für ein Genuss ! Die *parmigiana* zerging im Mund und ich schloss die Augen, um mich besser auf den Geschmack von Auberginen, Tomaten und Mozzarella zu konzentrieren, die eine perfekte *menage à trois* eingegangen waren.

Mama ließ sie erst abkühlen, bevor sie sie zusammen mit Plastiktellern und Plastikbesteck in einer Provianttasche verstaute. So würden wir sie dann, wenn wir es uns in unserem Liegewagenabteil gemütlich gemacht hätten, vor dem Schlafen verspeisen.

Es war ein herrliches Gefühl, wir vier in einem kleinen Abteil nur für uns, wo wir aßen, lachten und scherzten, weil Daniele und ich wegen des Geruckels des Zuges unsere Bissen verloren und Papa sie mit der reflexhaften Schnelligkeit eines Athleten mit den Fingern aus der Luft griff und selbst aß. Schließlich schliefen wir nah beieinander ein, meine Eltern unten und Daniele und ich oben. Eine Nähe, die wir im Voraus genossen wie den Antipasto beim Festbankett der Liebe, das uns bei den Großeltern erwarten würde.

PARMIGIANA DI MELANZANE ALLA PUGLIESE NELLA VERSIONE DI NONNA ALDA

(Puglia – Molfetta)

Ingredienti per 4 persone

1 chilo di melanzane, quattro uova, 1 manciata di farina, 1 cipolla, mezzo chilo di passata di pomodoro, 400 gr. di mozzarella, parmigiano grattugiato, olio di semi e di oliva, basilico, aglio, sale, polpettine, pasta cotta in precedenza

Ingredienti per le polpettine
300 gr. di carne tritata di maiale, 100 gr. di parmigiano, 2 uova, olio di semi

Preparazione
La parmigiana pugliese è più ricca e articolata di quella siciliana perché prevede la frittura delle melanzane passate nell'uovo e non semplicemente nell'olio e in genere l'aggiunta di mortadella. La parmigiana di nonna Alda lo era ancora di più, una vera bomba potenziata dall'inclusione delle polpettine di carne tritata e di uno strato di pasta.

Nonna Alda tagliava a fette sottili le melanzane, le cospargeva di sale e le metteva in uno scolapasta con un peso sopra affinché perdessero l'acqua di vegetazione. Dopo circa un'ora le infarinava, le passava nell'uovo sbattuto con un pizzico di sale e subito dopo le friggeva in abbondante olio di semi mettendole da parte.

In un tegame soffriggeva la cipolla con l'olio di oliva e, appena imbiondita, versava la passata di pomodoro. Lasciava cuocere il sugo per circa mezz'ora e alla fine aggiungeva un mazzetto di basilico.

Nel frattempo preparava delle piccole polpette di

PARMIGIANA MIT AUBERGINEN AUF APULISCHE ART NACH GROSSMUTTER ALDA

(Apulien – Molfetta)

Zutaten für 4 Personen

1 kg Auberginen, 4 Eier, 1 Handvoll Mehl, 1 Zwiebel, 500 g pürierte Tomaten, 400 g *Mozzarella*, geriebener Parmesankäse, Pflanzen- und Olivenöl, Basilikum, Knoblauch, Salz, Fleischbällchen, gekochte Nudeln

Zutaten für die Fleischbällchen
300 g Schweinehack, 100 g Parmesan, 2 Eier, Pflanzenöl

Zubereitung
Die apulische *parmigiana* ist reichhaltiger und herzhafter als die sizilianische, da die Auberginen in Ei ausgebacken und nicht nur in Öl angebraten werden und normalerweise auch noch *mortadella* hinzugefügt wird. Die *parmigiana* von Großmutter Alda war noch gehaltvoller, eine richtige Bombe, aufgrund der Hackfleischbällchen und einer zusätzlichen Nudelschicht.

Großmutter Alda schnitt die Auberginen in dünne Scheiben, streute Salz darüber, legte sie in ein Nudelsieb und ein Gewicht darauf, damit sie entwässern. Nach ca. 1 Stunde wurden sie in Mehl gewendet, in das verquirlte, leicht gesalzene Ei getaucht und sofort in reichlich Pflanzenöl ausgebraten und beiseitegelegt.

In einer Pfanne dünstete sie die Zwiebel in Olivenöl an, sobald sie leicht gebräunt war, fügte sie die pürierten Tomaten dazu und ließ den *sugo* etwa eine halbe Stunde köcheln, am Ende gab sie ein Sträußchen Basilikum dazu.

In der Zwischenzeit bereitete sie die Bällchen aus Hackfleisch,

carne tritata, uova e formaggio grattugiato che friggeva nell'olio di semi. Quando tutti gli ingredienti erano pronti si accingeva a « comporre » la parmigiana, ovvero a disporne i vari strati in una teglia da forno. Partiva con la salsa sul fondo, poi le melanzane, indi la mozzarella tagliata a dadini, il formaggio grattugiato e le polpettine. E poi ricominciava: la salsa, le melanzane e tutto il resto fino all'esaurimento degli ingredienti. Lo strato finale era sempre pomodoro con una manciata di parmigiano grattugiato. (Lei inseriva sempre a metà anche uno strato di pasta corta già cotta.) Infine infornava a forno caldo a circa 180 gradi per 20 minuti, fino a quando in superficie si formava una crosticina dorata.

Vino da abbinare: Cacc'e Mmitte di Lucera

Ei und geriebenem Käse zu und briet sie in Pflanzenöl an. Als alle Zutaten fertig waren, «komponierte» sie die *parmigiana*, legte also die einzelnen Schichten in eine feuerfeste Form. Als Erstes den *sugo* am Boden, dann die Auberginen, danach die in Würfel geschnittene *mozzarella*, den geriebenen Käse und die Fleischbällchen. Dann begann sie von Neuem: *sugo*, Auberginen und der ganze Rest, bis alle Zutaten aufgebraucht waren. Die letzte Schicht bestand immer aus Tomate mit einer Handvoll geriebenem Parmesankäse. (Nach der Hälfte fügte sie immer noch eine Schicht kurze, bereits gekochte Nudeln hinzu.) Schließlich schob sie alles in den auf ca. 180 Grad vorgeheizten Ofen und ließ es 20 Minuten backen, bis sich auf der Oberfläche eine goldbraune Kruste bildete.

Passender Wein: Cacc'e Mmitte di Lucera

A CACCIA DI TELLINE

I gesti morbidi ed esatti di una signora anziana seduta di fronte a me catturano il mio sguardo che rimane subito impigliato nella rete di cotone colorato che stanno intrecciando.

Anche nonna Consiglia, la mamma di papà, lavorava all'uncinetto. La visione si lascia rivivere. Ci sono io, bambina di otto anni, seduta sulla sedia vicino alla finestra. Sono in treno, ora, eppure mi sembra di sentire nelle narici un profumo di mare. La nonna è seduta anche lei vicino alla finestra. Una lunga treccia sale e pepe, lo sguardo attento mentre le sue mani si muovono velocissime, precise, indipendenti dal resto del corpo. « Andate voi al mare » dicevo a mamma « io rimango qui » e passavo ore con la nonna che creava centrini, coperte e presine. Lei cercava di tramandarmi la sua arte con grande pazienza, mi spiegava, mi aiutava, mi correggeva, in quei momenti stavo così bene che ancora oggi per rilassarmi lavoro all'uncinetto.

« Nonna, a cosa pensi mentre lavori? », le chiesi una volta.

« A tante cose, Giulia. »

« Per esempio? ».

« Adesso che siete qui penso che sono contenta perché siete venuti a trovarmi. »

« E quando non ci siamo? ».

« Penso a quando verrete la prossima volta, a quando rivedrò il tuo papà, la tua mamma, te e Daniele. »

« È lunga, alla fine dell'estate torniamo a Como e poi dovrai aspettare ancora un anno, fino alla prossima estate … »

MUSCHELSAMMELN

Die feinen und gleichmäßigen Handbewegungen der alten Dame, die mir gegenübersitzt, lenken meinen Blick auf sich und sofort verfängt er sich in dem Geflecht aus farbiger Baumwolle, das unter ihren Händen entsteht.

Auch Großmutter Consiglia, die Mutter meines Vaters, häkelte. Das Bild lässt sich wiederbeleben. Da bin ich, das kleine Mädchen von acht Jahren, und sitze auf dem Stuhl am Fenster. Jetzt bin ich im Zug und dennoch kommt es mir so vor, als hätte ich den Geruch von Meer in der Nase. Auch die Großmutter sitzt am Fenster. Ein langer graumelierter Zopf, ein aufmerksamer Blick, während ihre Hände sich flink und präzise bewegen, unabhängig vom Rest des Körpers. «Geht ihr ruhig ans Meer!», sagte ich zu Mama, «ich bleibe hier», und ich verbrachte Stunden mit Großmutter, die Deckchen, Tischdecken und Topflappen entstehen ließ. Mit großer Geduld bemühte sie sich, ihre Kunst an mich weiterzugeben, erklärte mir, half mir, verbesserte mich und das so liebevoll, dass ich auch heute noch häkele, um mich zu entspannen.

«Großmutter, woran denkst du, während du arbeitest?», fragte ich sie einmal.

«An viele Dinge, Giulia.»

«Zum Beispiel?»

«Jetzt, da ihr da seid, denke ich, dass ich mich freue, weil ihr gekommen seid.»

«Und wenn wir nicht da sind?»

«Dann denke ich daran, wann ihr das nächste Mal wiederkommt und ich deinen Papa, deine Mama, dich und Daniele wiedersehen werde.»

«Das ist lange. Am Ende des Sommers fahren wir nach Como zurück und dann musst du ein ganzes Jahr warten bis zum nächsten Sommer …»

«Non ti preoccupare, ho pazienza, bisogna avere tanta pazienza nella vita, bambina mia ...»

Non avrei più rivisto mia nonna. Quell'inverno arrivò a casa una telefonata. Papà riattaccò e pianse. È stata l'unica volta in cui l'ho visto piangere. «Nonna non c'è più» disse, fece la valigia e partì senza parole. Io soffrii tantissimo, avrei voluto dire alla nonna molte cose, cose che non le avevo mai detto perché non ne avevo avuto l'occasione. Eravamo troppo lontane.

Oltre al suo sorriso paziente ricordo i capelli di nonna Consiglia. Per me erano i capelli più belli del mondo. Proprio dai capelli era nato un rito segreto tra noi due che dava il buongiorno a ogni nuova mattina della nostra vita estiva insieme, quando con la mia famiglia stavamo a Manfredonia dopo che nonno era morto.

Già la mattina dopo il nostro arrivo, quando ancora tutti dormivano, mi alzavo in silenzio e m'intrufolavo piano piano nella camera della nonna. Lei si alzava con il profumo del sonno ancora tra i capelli, e sorridendomi si sedeva al tavolinetto da toilette su cui era poggiato uno specchio ovale. Lo specchio era antico, uno di quelli in cui ti guardi e ti sembra di vedere un film d'altri tempi, e aveva una cornice di ebano intagliata esattamente come il tavolinetto che gli faceva da base.

Nonna indugiava per qualche secondo a guardare la propria immagine riflessa come se fosse quella di un'altra persona a cui, a un certo punto, sorrideva benevolmente. Poi prendeva in mano la spazzola. Nel frattempo io avevo seguito ogni sua mossa attaccata alla sua camicia da notte, perché non mi sarei voluta perdere quello spettacolo per niente al mondo. Incantata restavo a guardare nonna che si passava la spazzola tra i capelli. «Posso provare io?» chiedevo. «Certo, fai piano però» mi rispondeva teneramente e, tenendo la grande spazzola con due mani la pas-

«Mach dir keine Sorgen, ich bin geduldig, man muss im Leben viel Geduld haben, mein Kind …»

Ich sollte meine Großmutter nicht mehr wiedersehen. In jenem Winter kam ein Anruf. Papa legte auf und weinte. Es war das einzige Mal, dass ich ihn habe weinen sehen. «Großmutter ist nicht mehr», sagte er, packte den Koffer und fuhr ohne weitere Worte los. Ich litt sehr, ich hätte meiner Großmutter noch sehr viele Dinge sagen wollen, Dinge, die ich ihr nie gesagt hatte, weil keine Gelegenheit dazu war. Wir waren zu weit weg.

Außer an das geduldige Lächeln erinnere ich mich an die Haare von Großmutter Consiglia. Für mich waren es die schönsten der Welt und aufgrund dieser Haare war zwischen uns beiden ein heimliches Ritual entstanden. Mit ihm begrüßten wir jeden neuen Morgen unseres gemeinsamen sommerlichen Lebens, wenn wir mit unserer Familie nach Großvaters Tod in Manfredonia waren.

Bereits am Morgen nach unserer Ankunft, als alle noch schliefen, stand ich leise auf und stahl mich vorsichtig ins Zimmer meiner Großmutter. Den Duft des Schlafes noch in den Haaren, stand sie auf, lächelte mich an und setzte sich an das Toilettentischchen, auf dem ein ovaler Spiegel stand. Es war ein alter Spiegel, einer, in dem man sich betrachtet und meint, einen Film aus alten Zeiten zu sehen. Er hatte einen Rahmen aus Ebenholz und war auf dieselbe Weise mit Schnitzereien verziert wie das Tischchen, auf dem er stand.

Großmutter zögerte ein paar Sekunden, als sie ihr eigenes Spiegelbild sah, als sei es das einer anderen Person, der sie schließlich wohlwollend zulächelte. Dann nahm sie die Bürste zur Hand. In der Zwischenzeit hatte ich mich an ihr Nachthemd gehängt und jede ihrer Bewegungen verfolgt, weil ich mir um nichts auf der Welt diese Vorstellung entgehen lassen wollte. Gebannt sah ich Großmutter zu, wie sie die Bürste durch das Haar zog. «Darf ich auch mal?», fragte ich. «Natürlich, aber vorsichtig!», antwortete sie zärtlich und ich strich, die große Haarbürste in beiden Händen, immer wieder durch ihre Haare.

savo e ripassavo sui capelli di lei. Poi li accarezzavo, erano soffici e folti, e mentre lo facevo sentivo tutto l'affetto che mi legava a quella donna dal volto ormai rugoso che aveva nei capelli ciò che di più bello le era rimasto.

Dopo questo rito cominciava la giornata, nonna si metteva subito all'opera per prepararci qualcosa di buono. E fu proprio grazie alla cucina di nonna Consiglia che si riaccese una mia antica passione.

Uno dei piatti che le riuscivano meglio era la pasta con le telline. Questo piatto mi entusiasmava perché non richiedeva solo doti culinarie, ma anche il precoce talento che mi era stato proibito di coltivare, quello di raccoglitrice. Per fare questa ricetta era necessario infatti raccogliere le telline. Si tratta di una sorta di conchigliette che si trovano sotto la sabbia simili alle vongole, ma più piccole, oblunghe e lisce che sembrano di madreperla. Si andava in spedizione o meglio «al mercato» come si diceva, e io, papà e zia Antonia e zia Lina, ci incamminavamo baldanzosi verso la spiaggia. Zia Antonia è la sorella minore di mio padre, gli assomiglia in tutto e per tutto, ha la carnagione scura, gli occhi neri e il suo stesso sorriso discolo. Zia Lina, la sorella maggiore, era un donnone con due mani possenti, una voce baritonale e una risata contagiosa. Quando questa zia mi abbracciava mi sentivo al sicuro dal mondo.

A raccogliere le telline si andava la mattina presto perché bisognava che sulla spiaggia non ci fosse nessuno e tutto fosse quieto, senza schiamazzi. Stavamo tutti e quattro nell'acqua fino ai polpacci con la testa china, le zie con il cappello di paglia a tesa larga per ripararsi dal sole, io e papà in costume, lui sempre pronto ad abbronzarsi e io a buttarmi in acqua. Bastava immergere la mano nell'acqua, prendere una manciata di sabbia e si poteva star sicuri di tirar su qualche tellina.

Dann streichelte ich sie, sie waren weich und dicht, und dabei fühlte ich die ganze Liebe, die mich mit dieser Frau mit dem inzwischen faltigen Gesicht verband, deren Haare das Schönste waren, was ihr geblieben war.

Nach diesem Ritual begann der Tag und Großmutter machte sich sofort an die Arbeit, um uns etwas Feines zuzubereiten. Dank der Kochkünste meiner Großmutter Consiglia flammte auch wieder eine alte Leidenschaft in mir auf.

Was ihr besonders gut gelang, war die *pasta con le telline*. Dieses Gericht begeisterte mich, weil man nicht nur eine Begabung fürs Kochen haben musste, sondern auch jenes in mir frühreife Talent, das zu pflegen mir verboten worden war, nämlich das zur Sammlerin. Für dieses Rezept musste man tatsächlich die Tellmuscheln erst sammeln. Es handelt sich dabei um kleine Muscheln, die ähnlich wie Venusmuscheln im Sand verborgen sind, die aber kleiner sind, länglich und glatt, sodass es aussieht, als seien sie aus Perlmutt. Man ging auf Entdeckungsreise oder besser «auf den Markt», wie man sagte, und so begaben wir, das sind Papa, Tante Antonia, Tante Lina und ich, uns forschen Schrittes zum Strand. Tante Antonia ist die jüngere Schwester meines Vaters, sie ähnelt ihm in allem, sie hat seine dunkle Haut, die schwarzen Augen und das gleiche schelmische Lächeln. Tante Lina, die ältere Schwester, war eine große Frau mit kräftigen Händen, einer Baritonstimme und einem ansteckenden Lachen. Wenn diese Tante mich umarmte, fühlte ich mich sicher auf der Welt.

Zum Muschelsammeln geht man morgens sehr früh los, da es am Strand leer und alles ruhig sein sollte, kein Geschrei. Mit gesenktem Kopf standen wir vier bis zu den Waden im Wasser, die Tanten mit breitkrempigen Strohhüten als Schutz gegen die Sonne, Papa und ich in Badebekleidung, er, um braun zu werden, und ich, um mich in die Fluten zu stürzen. Es genügte, die Hand ins Wasser zu tauchen und ein bisschen Sand zu nehmen, man konnte sicher sein, ein paar Muscheln herauszuholen.

Se ci stancavamo di cercar telline era la volta dei cannolicchi che si trovano sul bagnasciuga. Bisogna aspettare che un'onda lambisca la sabbia e quando si ritira aguzzare la vista per scoprire dove si forma un buchetto quasi impercettibile: lì sotto c'è il cannolicchio. È un mollusco con una conchiglia lunga e stretta che assomiglia a un tubo schiacciato. Vive ancora più nascosto nella sabbia quindi, non appena si avvista il buchino, bisogna precipitarsi a prenderlo perché la maggior parte delle volte è più veloce di te. « Eccone uno Giulia, vai sotto con la mano e vedi che lo acchiappi ! » diceva una delle zie. Eccitatissima sprofondavo la mano nel bagnasciuga cercando di afferrare il cannolicchio, ma tiravo fuori solo un pugno di sabbia in cui però c'era qualche tellina con cui mi consolavo.

Dopo alcune ora di raccolta intensa eravamo tutti e quattro felici dei nostri sacchettini e tornavamo soddisfatti a casa dove nonna stava già preparando il sughetto e accoglieva noi e il suo ingrediente principale a braccia aperte.

Tutto questo avveniva a Manfredonia la cui spiaggia da bambina mi sembrava enorme. Ricordo le passeggiate interminabili con la manina stretta nella mano di papà in cui facevamo su e giù lungo il bagnasciuga perché per abbronzarsi veramente non bisogna mai sdraiarsi, mi spiegava, altrimenti sui fianchi il sole non arriva.

Dopo molti anni di assenza qualche tempo fa ci sono tornata e stentavo a credere ai miei occhi. Non era più la spiaggia lunghissima dei miei ricordi, si era ridotta a un fazzoletto di sabbia, e così mi sono tristemente resa conto che ero io a essere diventata grande e non la spiaggia a essersi rimpicciolita.

Wenn wir vom Tellmuschelsuchen genug hatten, kamen die Schwertmuscheln dran, die an der Strandlinie zu finden sind. Man muss warten, bis eine Welle den Sand überspült, und, wenn sie sich zurückzieht, den Blick schärfen, um zu entdecken, wo sich ein kleines, kaum wahrnehmbares Loch bildet. Dort findet man eine Schwertmuschel, ein Weichtier mit einer langen, schmalen Schale, die aussieht wie ein platter Schlauch. Sie lebt tiefer verborgen im Sand und man muss, sobald man das kleine Loch entdeckt, flink nach ihr greifen, doch meistens ist sie schneller. «Hier ist eine, Giulia, fass mit der Hand rein, du wirst sehen, du erwischst sie!», sagte eine meiner Tanten. Völlig aufgeregt tauchte ich die Hand in das ablaufende Wasser und versuchte die Schwertmuschel zu packen, doch ich zog nur eine Handvoll Sand heraus, in dem jedoch ein paar Tellmuscheln waren, mit denen ich mich tröstete.

Nachdem wir ein paar Stunden fleißig gesammelt hatten, freuten wir uns alle vier über unsere Säckchen und gingen zufrieden nach Hause, wo Großmutter schon den *sugo* bereitete und uns und ihre Hauptzutaten mit offenen Armen empfing.

All das fand in Manfredonia statt, dessen Strand mir als Kind riesig vorkam. Ich erinnere mich an die endlosen Spaziergänge, das Händchen fest in Papas Hand, bei denen wir entlang der Strandlinie auf und ab gingen, denn wenn man richtig braun werden wolle, dürfe man sich keinesfalls hinlegen, erklärte er mir, weil sonst keine Sonne an die Seiten des Körpers komme.

Nachdem ich viele Jahre nicht dort gewesen war, fuhr ich vor einiger Zeit wieder einmal dorthin und wollte meinen Augen kaum trauen. Es war nicht mehr der ewig lange Strand meiner Erinnerung, er war zu einem Handtuch aus Sand geschrumpft, und mir wurde zu meinem Bedauern klar, dass ich es war, die groß, und nicht der Strand, der kleiner geworden war.

PASTA IN BIANCO CON LE VONGOLE O CON TELLINE SECONDO ZIA ANTONIA

(Puglia – Manfredonia)

Ingredienti per 4 persone

400 gr. di spaghetti, 1 kg di vongole, mezzo bicchiere di vino bianco secco, olio, aglio, prezzemolo, peperoncino, sale quanto basta

Preparazione
Per prima cosa zia Antonia lava le vongole o le telline e le mette a spurgare per almeno un'ora in acqua salata. Dopo averle scolate bene le versa in un tegame e le fa andare coperte a fuoco vivo fino a quando non si sono aperte tutte. A quel punto le toglie dal fuoco, elimina i gusci lasciandone solo alcuni che userà come decorazione e mette le vongole in una ciotolina. Quindi filtra con un fazzolettino di cotone l'acqua di cottura e la raccoglie in un bicchiere.

A questo punto zia Antonia prepara la pasta e contemporaneamente mette a soffriggere nell'olio in un'ampia padella l'aglio, il prezzemolo tritato e un po' di pepe o del peperoncino. Una volta che l'aglio ha preso colore aggiunge le vongole con la loro acqua e le lascia andare a fiamma bassa fino a quando, scolata la pasta leggermente al dente, la fa saltare in padella facendola insaporire bene. Se necessario aggiunge altro olio.

Prima di servire, la spolvera con l'altra metà del prezzemolo tritato.

Vino da abbinare: Bombino Bianco

NUDELN MIT VENUS- ODER TELLMUSCHELN NACH TANTE ANTONIA

(Apulien – Manfredonia)

Zutaten für 4 Personen

400 g Spaghetti, 1 kg Venusmuscheln,
½ Glas trockener Weißwein, Öl, Knoblauch,
glatte Petersilie, *Peperoncino*, Salz nach Gusto

Zubereitung
Als Erstes wäscht Tante Antonia die Venus- oder die Tellmuscheln und legt sie zum Reinigen mindestens eine Stunde in Salzwasser. Gut abgetropft gibt sie sie in eine Pfanne und lässt sie zugedeckt auf großer Flamme so lange garen, bis sich alle geöffnet haben. Sie nimmt sie vom Feuer, entfernt die Schalen, wobei sie ein paar für die Dekoration beiseitelegt, und gibt die Muscheln in eine Schüssel. Dann seiht sie das Kochwasser durch ein Baumwolltuch und fängt es in einem Glas auf.

Nun kocht Tante Antonia die Spaghetti, gleichzeitig schmort sie in einer großen Pfanne den Knoblauch, die gehackte Petersilie, etwas Pfeffer oder *peperoncino* im Öl an. Sobald der Knoblauch leicht angebräunt ist, gibt sie die Muscheln mit ihrem eigenen Wasser dazu und lässt sie so lange auf niedriger Flamme garen, bis die gekochten Spaghetti leicht *al dente* und abgetropft sind. Dann gibt sie die Nudeln in die Pfanne zu den Muscheln und mischt alles mehrfach durch, damit sie den Geschmack gut annehmen. Bei Bedarf kommt noch ein Schuss Öl dazu.

Vor dem Servieren streut sie die restliche gehackte Petersilie darüber.

Passender Wein: Bombino Bianco

UNA GRANDE FAMIGLIA

La sua cittadina, Manfredonia, papà se l'è portata nel cuore e non solo. Se l'è portata sulla riva del Lago di Como nei suoi quadri. Sì, anche se per mantenere la famiglia ha dovuto fare un altro lavoro, papà è un pittore da sempre, da quando è nato.

Passava le notti a dipingere in una piccola stanza con una porta di vetro smerigliato che si trovava proprio di fronte alla mia cameretta. Io, accoccolata nel calore del mio stesso abbraccio, intuivo la luce fioca della lampada vicino alla tela. Lui chiudeva la porta per non disturbarmi, ma il tintinnio del pennello nel vasetto dell'acquaragia oltrepassava il vetro e i muri e mi faceva sentire in compagnia.

Lo avevo osservato così spesso che indovinavo tutti i suoi movimenti. Pennello in mano, ultimi ritocchi al quadro, sguardo critico. Immergeva il pennello nel barattolo con l'acquaragia, faceva cadere le ultime gocce dalle setole «strizzandolo» sul bordo e infine lo puliva con uno straccio duro e secco tanto lo aveva usato. Dopo questa operazione prendeva un nuovo colore dalla tavolozza e continuava a dipingere. Per me quel tintinnio che si ripeteva era diventato una specie di ninna nanna che mi accompagnava nella magia della notte.

Essere la figlia di un pittore significa anche vedere la propria famiglia accrescersi perché una parte consistente del cuore di papà è legata alle immagini che compone sulle sue tele. Per me e Daniele erano una serie di parenti acquisiti che si moltiplicavano nel tempo e che andavano a formare a Como la nostra grande famiglia, diversa da quella rumorosa, allegra e vociante che avevamo lasciato al sud, ma non meno partecipe e presente. Ulivi, scalinate, paesaggi, lembi

EINE GROSSFAMILIE

Sein Städtchen Manfredonia hat mein Vater in seinem Herzen mitgebracht, aber damit nicht genug. Er hat es auch auf seinen Bildern an den Comer See gebracht. Gewiss, er musste einer anderen Arbeit nachgehen, um die Familie zu ernähren, doch mein Vater ist schon Maler, seit er auf der Welt ist.

Er verbrachte die Nächte mit Malen in einem kleinen Zimmer mit einer Tür aus Mattglas, das sich genau gegenüber von meinem Zimmerchen befand. Zusammengekauert in der Wärme meiner eigenen Umarmung konnte ich das schwache Licht der Lampe nahe der Leinwand erahnen. Er schloss die Tür, um mich nicht zu stören, aber das Klirren des Pinsels in dem mit Terpentinöl gefüllten Behälter durchdrang die Scheibe und Wände und gab mir das Gefühl, in Gesellschaft zu sein.

Ich hatte ihn so oft beobachtet, dass ich alle seine Bewegungen erraten konnte. Den Pinsel in der Hand, letzte Nachbesserungen am Bild, kritischer Blick. Er tauchte den Pinsel in das Terpentinöl, ließ die letzten Tropfen aus den Borsten abtropfen, indem er sie am Rand des Glases abstreifte, und reinigte ihn schließlich mit einem trockenen Lappen, der vom häufigen Gebrauch mittlerweile ganz hart geworden war. Nach diesem Vorgang nahm er eine neue Farbe von der Palette und malte weiter. Für mich war das sich wiederholende Klirren zu einem Schlaflied geworden, das mich in den Zauber der Nacht begleitete.

Die Tochter eines Malers zu sein, bedeutet auch, die eigene Familie anwachsen zu sehen, da die von Papa auf die Leinwand gebrachten Eindrücke einen festen Platz in seinem Herzen einnahmen. Für Daniele und mich bedeuteten sie eine Reihe von neu erworbenen Verwandten, die sich im Laufe der Zeit vermehrten und in Como unsere Großfamilie bildeten; sie war anders als die laute, fröhliche und mitteilsame, die wir im Süden zurückgelassen hatten, doch deshalb nicht weniger zugehörig und präsent. Olivenbäume, Treppen, Landschaften, Flächen von Meer,

di mare, di terra e di cielo: una marea di fratelli, zii e cugini «inanimati» ma non per questo muti, che mi parlavano un linguaggio di colori e di luce. Col tempo avevo imparato a interpretare le loro parole silenziose ed erano diventati miei preziosi confidenti.

C'era un quadro in particolare da cui correvo quando, adolescente, la mia anima aveva cominciato ad avvertire il peso dei problemi, la ‹Scalinata›. Era una lunga scala che correva verso l'alto intersecandosi con altre all'interno dello scorcio di un paese del sud. Mi sedevo sulla poltrona liberty del soggiorno e mi imbambolavo davanti a quell'immagine fantasticando su dove potesse portare quella scalinata. Sicuramente in paradiso, mi dicevo, e la mia anima saliva gradino per gradino in un'atmosfera lilla e azzurra fin su in cielo e si rasserenava. Oggi il quadro è nel mio soggiorno a Monaco e nei momenti di tensione la mia anima ripete lo stesso percorso di allora.

La vita della nostra famiglia è sempre stata pervasa dall'arte di papà. Quando giravamo in Puglia in macchina e ci fermavamo negli uliveti, mentre mamma io e Daniele giocavamo tra le radici degli alberi secolari, papà scompariva con alcuni fogli per poi tornare raggiante qualche ora dopo con i suoi schizzi. Ancora oggi quando vedo un foglio bianco mi aspetto che da un momento all'altro si riempia di forme, e siccome non c'è papà che schizza, sono io a riempirlo, questa volta di parole.

Di ritorno dalle vacanze papà portava con sé uno scrigno colmo di tesori, i suoi disegni di ulivi, di case, di fiori di cardo e di conchiglie. Ma non era l'unico. Anche io, Daniele e mamma riportavamo dal sud un nostro scrigno esclusivo pieno di preziose dolcezze.

Quando andavamo a trovarla, nonna Alda, ci faceva i taralli, dei dolci rotondi con un buco in mezzo, una sor-

Erde und Himmel: eine Flut von zwar «unbelebten», aber deswegen nicht stummen Brüdern, Onkeln und Tanten, Cousinen und Cousins, die sich mir in einer Sprache aus Farben und Licht mitteilten. Mit der Zeit hatte ich gelernt, ihre stillen Worte zu deuten und sie waren zu meinen kostbaren Vertrauten geworden.

Es gab ein ganz besonderes Bild, zu dem ich lief, als meine heranreifende Seele die Last der Probleme zu spüren begonnen hatte, jene ‹Scalinata›. Eine lange Treppe, die nach oben führte und sich mit anderen inmitten eines perspektivisch verkleinerten Ortes im Süden kreuzte. Ich setzte mich auf den Jugendstilsessel im Wohnzimmer vor das Bild meines Vaters, betrachtete es verträumt und dachte mir aus, wo diese Treppe hinführen mochte. Bestimmt ins Paradies, sagte ich mir und meine Seele stieg Stufe für Stufe in eine lilablaue Atmosphäre bis hinauf in den Himmel und heiterte auf. Auch heute setze ich mich in Augenblicken der Anspannung vor das Bild in meinem Münchener Wohnzimmer und meine Seele wiederholt den Aufstieg von damals.

Das Leben unserer Familie war von der Kunst meines Vaters geprägt. Waren wir in Apulien mit dem Auto unterwegs und hielten in den Olivenhainen, verschwand mein Vater mit ein paar Blättern Papier, während ich mit Mama und Daniele zwischen den Wurzeln der jahrhundertealten Bäume spielte. Nach Stunden kehrte er strahlend mit seinen Skizzen zurück. Noch heute, wenn ich ein weißes Blatt Papier sehe, erwarte ich, dass es sich von einem Augenblick zum anderen mit Formen füllt, und da mein Vater nicht da ist, um Skizzen zu machen, fülle ich es nun mit Worten.

Bei der Rückkehr aus den Ferien brachte mein Vater ein Kästchen voller Schätze mit, seine Zeichnungen von Olivenbäumen, Häusern, Distelblüten und Muscheln. Er war aber nicht der Einzige. Auch Mama, Daniele und ich brachten aus dem Süden unser exklusives Kästchen mit, gefüllt mit süßen Kostbarkeiten.

Wenn wir unsere Großmutter Alda besuchten, machte sie uns *taralli*, rundes Gebäck mit einem Loch in der Mitte, eine Art

ta di biscotti da intingere nel latte. Ne andavamo matti e la mattina ci svegliavamo allegri nella stanza assolata e ci catapultavamo in cucina. Robi, il barboncino bianco di famiglia, appena vedeva il movimento disordinato e rumoroso di noi bambini abbaiava e ci seguiva scodinzolando. In cucina sapevamo quello che ci aspettava: due enormi scodelle di latte e una montagna di taralli, di cui approfittava ovviamente anche Robi.

Le scorpacciate di taralli duravano tutto il tempo delle vacanze ma nonna Alda, che sapeva quanto ci piacevano, quando partivamo si metteva a rifarceli e ne faceva così tanti che per mesi riuscivano a «profumare di nonna» le nostre colazioni invernali a Como. «Così penserete a me anche quando sarete lontani» diceva con gli occhi lucidi mentre ci stringeva a sé così forte da toglierci il respiro.

Oltre che di taralli, il nostro scrigno era ricco anche di altri tesori, perché andare in Puglia d'estate era per noi come una specie di Natale. Gli zii ci regalavano dolci di ogni tipo come «i dolcetti di pasta reale», delle palline colorate di pasta di mandorle e zucchero con al centro un chiodo di garofano, e i fagottini ripieni di marmellata di fichi e coperti di glassa. Ma anche le «cartellate», dolci fritti e immersi nel vincotto, e le ostie ripiene di mandorle caramellate di Monte Sant'Angelo. Infine, il nostro bottino comprendeva le «mandorle atterrate» di zio Pino, il fratello maggiore di papà che aveva due grandi occhi verdi.

«Ve le faccio solo se mi aiutate» ci ammoniva mentre si metteva a tostare le mandorle e a sciogliere la cioccolata. Io e Daniele ci offrivamo ma il nostro era un aiuto interessato perché speravamo in qualche assaggio anticipato. Zio Nicola versava le mandorle tostate nella pentola con il cioccolato fuso, grattugiava una scorza di limone e mescolava il tutto. Poi

Keks zum Eintauchen in Milch. Wir waren verrückt danach. Kaum wachten wir am Morgen fröhlich in dem sonnendurchfluteten Zimmer auf, stürzten wir augenblicklich in die Küche. Robi, der weiße Pudel der Familie, bellte beim Anblick von uns ungestümen und lärmenden Kindern und folgte uns schwanzwedelnd. Wir wussten, was uns in der Küche erwartete: zwei riesige Schalen Milch und ein Berg *taralli*, von denen natürlich auch Robi profitierte.

Die Schlemmereien mit den *taralli* hielten die ganzen Ferien an, doch Großmutter Alda, die wusste, wie sehr sie uns schmeckten, buk zu unserer Abreise noch einmal welche, und zwar so viele, dass wir im Winter monatelang unser Frühstück in Como mit «Großmutterduft» parfümieren konnten. «Dann denkt ihr an mich, auch wenn ihr in der Ferne seid», sagte sie mit glänzenden Augen, während sie uns so fest an sich drückte, dass uns die Luft wegblieb.

Außer mit *taralli* war unser Kästchen auch mit anderen Schätzen reichlich gefüllt, denn im Sommer nach Apulien zu fahren, war für uns wie Weihnachten. Onkel und Tanten beschenkten uns mit Süßigkeiten aller Art wie *dolcetti di pasta reale*, bunte Kügelchen aus Mandelteig und Zucker mit einer Gewürznelke in der Mitte, sowie die mit Feigenmarmelade gefüllten, mit einer Glasur überzogenen *fagottini*. Aber auch *cartellate*, frittierte und in eingedickten Traubenmost getauchte Süßigkeiten, und die mit karamellisierten Mandeln gefüllten Oblaten aus Monte Sant'Angelo. Schließlich gehörten zu unserer Beute noch die *mandorle atterrate* von Onkel Pino, dem älteren Bruder meines Vaters mit den großen grünen Augen.

«Ich mache sie nur, wenn ihr mir helft», warnte er uns, während er sich anschickte, die Mandeln zu rösten und die Schokolade zu schmelzen. Wir beide, Daniele und ich, boten uns an, die Hilfe war allerdings berechnend, wir hofften nämlich, schon vorher probieren zu können. Onkel Pino schüttete die gerösteten Mandeln in den Topf mit der geschmolzenen Schokolade, rieb die Schale einer Zitrone ab und vermischte alles. Dann

pescava le mandorle imbevute di cioccolato e ne faceva dei mucchietti che metteva a raffreddare. Bisognava aspettare diverse ore perché fossero pronte. Il nostro aiuto consisteva nel pulire con il dito la pentola del cioccolato. Il destino delle mandorle atterrate era di finire nel nostro scrigno con tutti gli altri dolcetti, ma soprattutto insieme a quell'amore incondizionato di cui eravamo oggetto e con cui tutti ci viziavano perché vivevamo lontani da loro.

Questo tesoro, una volta arrivati a Como, veniva generosamente condiviso con altri, cosa di cui noi bambini non eravamo affatto entusiasti. Una parte andava agli amici e l'altra veniva religiosamente consumata in famiglia quando a casa volevamo dimenticare la nebbia e la pioggia e riscaldarci a quel calore lontano.

Succedeva che i due scrigni, quello di papà e il nostro, a volte si incontrassero …

Tutta la famiglia viveva con papà il venire alla luce dei nuovi nati. Quando finiva un quadro ci chiamava e, con un gesto rapido da prestigiatore, toglieva il lenzuolo che lo copriva per svelarcelo. Per mamma e Daniele era sempre una sorpresa, per me invece un po' meno.

Mentre era impegnato nel lavoro creativo papà era molto severo, non voleva assolutamente che nessuno di noi andasse a curiosare. Io ci rimanevo male e, appena usciva di casa, correvo a spiare sotto il lenzuolo e rimanevo a bocca aperta ogni volta constatando come pian piano, giorno dopo giorno, prendesse forma e vita una nuova creatura. Accanto al cavalletto, su un tavolino, faceva bella mostra di sè lo scrigno con tutti gli schizzi che papà aveva fatto in Puglia e da cui prendeva ispirazione.

I miei parenti d'arte erano tutti del sud. Ulivi secolari abbarbicati al suolo con grandi radici contorte, case e comignoli i cui colori accesi urlavano la tristezza di

fischte er die in Schokolade getauchten Mandeln heraus, bildete daraus kleine Häufchen und stellte sie kalt. Man musste ein paar Stunden warten, bis sie fertig waren. Unsere Hilfe bestand letztlich darin, mit dem Finger den Schokoladentopf sauberzumachen. Das Schicksal der *mandorle atterrate* war es, mit all den anderen Süßigkeiten in unserem Kästchen zu landen, insbesondere aber zusammen mit der vorbehaltlosen Liebe zu uns, mit der uns alle verwöhnten, weil wir so weit entfernt von ihnen lebten.

Waren wir wieder zurück in Como, wurde dieser Schatz großzügig mit anderen geteilt, wovon wir Kinder natürlich nicht begeistert waren. Ein Teil ging an die Freunde, der andere wurde ehrfürchtig in der Familie verspeist, wenn wir zu Hause Nebel und Regen vergessen und uns an der fernen Glut erwärmen wollten.

Es kam vor, dass die beiden Kästchen, das von Papa und unseres, sich begegneten …

Die ganze Familie genoss es mit Papa, wenn die « Neugeborenen » ans Licht traten. Hatte er ein Gemälde vollendet, rief er uns. Mit der flinken Bewegung eines Taschenspielers zog er das Laken weg und enthüllte das Bild. Für meine Mutter und Daniele war es immer eine Überraschung, für mich weniger.

Während seines kreativen Schaffensprozesses war Papa sehr streng, er wollte keinesfalls, dass einer von uns neugierig herumschnüffelte. Mir passte das nicht. Sobald er aus dem Haus war, lief ich los, um einen Blick unter das Laken zu werfen. Ich blieb jedes Mal mit offenem Mund stehen und registrierte, wie ganz langsam, Tag für Tag, eine neue Schöpfung Form und Leben annahm. Auf einem Tischchen neben der Staffelei präsentierte sich seinerseits wunderbar das Kästchen mit all den Skizzen, die mein Vater in Apulien gemacht hatte und von denen er sich inspirieren ließ.

Meine Verwandten aus der Kunst waren alle aus dem Süden. Seit Jahrhunderten fest im Boden verankerte Olivenbäume mit großen, knorrigen Wurzeln, Häuser und Schornsteine, deren

mio padre nel sentirsi lontano da loro. E poi conchiglie che narravano storie di marinai, e vecchiette con il capo coperto da fazzoletti neri che aspettavano i figli lontani imbarcati o emigrati. Papà portava i personaggi e i colori del sud tra le brume del lago e questa luce illuminava la nostra casa.

Mamma lo sosteneva come poteva e spesso, mentre papà dipingeva, apriva il nostro scrigno e gli portava una mandorla interrata per dargli un po' di carica, naturalmente insieme a un buon caffè.

Di solito papà ci introduceva alle sue nuove creazioni la domenica e noi, da bambini e poi da ragazzi, quando sentivamo l'aroma del caffè correvamo in cucina. Erano i momenti più belli. Papà riempiva la caffettiera di polvere profumata e mamma prendeva il nostro scrigno. E allora cominciava la festa, era arrivato il momento di scoprire il quadro. Stavamo lì in piedi in ammirazione e, dopo averlo commentato in lungo e in largo, alla fine ci sedevamo. Mio padre versava il caffè nella tazzina che avrebbe condiviso con mamma e ognuno si sceglieva il proprio dolcetto preferito, ma rigorosamente solo uno. Forse proprio per questo ci piaceva così tanto.

Io prendevo un pezzetto di ostia ripiena che adoravo e d'improvviso correvo su e giù per le scalinate di Monte Sant'Angelo. Papà invece si gustava una cartellata al vincotto, chiudeva gli occhi per assaporarla e sentiva la dolcezza della carezza di sua madre, nonna Consiglia. Mamma sceglieva un dolcetto alle mandorle e rideva allegra con le sue sorelle in un giorno di festa a Molfetta, mentre Daniele mangiucchiava pensieroso un tarallo di nonna Alda e con la mano accarezzava Robi sulla pancia. Guardavamo il quadro in silenzio perché i nostri sentimenti e i nostri ricordi erano troppo intensi per diventare voci e trasformarsi in parole.

leuchtende Farben die Trauer meines Vaters, so fern von ihnen zu sein, hinausschrien. Und dann die Muscheln, die Seemannsgarn spannen, und die alten Frauen mit den schwarzen Kopftüchern; sie warteten auf ihre Söhne, die auf Schiffen in die Ferne gezogen oder emigriert waren. Papa versetzte die Menschen und Farben des Südens in die Nebel des Sees und dieses Licht erhellte unser Haus.

Mama unterstützte Papa, während er malte, so gut sie konnte. Häufig öffnete sie unser Kästchen und brachte ihm zur Stärkung eine *mandorla atterrata*, natürlich zusammen mit einem guten Kaffee.

In seine neuen Schöpfungen führte Papa uns gewöhnlich sonntags ein und als Kinder oder später als Heranwachsende liefen wir in die Küche, sobald wir das Aroma von Kaffee rochen. Das waren die schönsten Augenblicke. Papa füllte die Kaffeekanne mit duftendem Pulver und Mama nahm unser Kästchen. Und dann begann das Fest, der Moment war gekommen, das Bild zu enthüllen. Voller Bewunderung standen wir davor, und nachdem wir es lang und breit kommentiert hatten, setzten wir uns schließlich. Mein Vater goss den Kaffee in die Tasse, die ich mit Mama teilen sollte, und jeder suchte sich seine bevorzugte Süßigkeit aus, aber wirklich nur eine. Vielleicht schmeckte es uns deswegen so gut.

Ich nahm ein kleines Stück gefüllter Oblate, die ich liebte, und plötzlich rannte ich die Treppen von Monte Sant'Angelo rauf und runter. Papa genoss hingegen eine *cartellata* in eingedicktem Most; er schloss die Augen, um sie voll auszukosten und spürte dabei die Zärtlichkeit seiner Mutter, Großmutter Consiglia. Mama wählte ein süßes Mandelstück und lachte fröhlich mit ihren Schwestern an einem Festtag in Molfetta, während Daniele nachdenklich ein *tarallo* von Großmutter Alda naschte und Robi gedankenverloren am Bauch streichelte. Schweigend betrachteten wir das Bild. Unsere Gefühle und unsere Erinnerungen waren zu stark, um zu Stimmen zu werden und sich in Worte zu verwandeln.

MANDORLE RICOPERTE DI CIOCCOLATO DI ZIO PINO

(Puglia – Manfredonia)

Ingredienti

500 gr. di cioccolato fondente da copertura a cubetti, 500 gr. di mandorle, un limone o un'arancia biologica

Preparazione
Zio Pino faceva tostare le mandorle con la loro pellicina in forno a 180 gradi per ca. 5 minuti. A tostatura avvenuta le faceva raffreddare su un ripiano di marmo e metteva a sciogliere a bagnomaria i pezzi di cioccolato. Appena iniziavano a fondere, zio abbassava la fiamma e versava le mandorle tostate nel cioccolato aggiungendovi la scorza di limone o di arancia grattugiata. Mescolava energicamente, in modo che le mandorle si impregnassero completamente di cioccolato. Quindi con un cucchiaio ne estraeva poche alla volta (massimo 5), e formava, aiutandosi con un cucchiaino, dei mucchietti che metteva ad asciugare su un vassoio rivestito di carta stagnola. Lasciava riposare per qualche ora, un tempo che a noi bambini sembrava un'eternità.

Vino da abbinare: Moscato di Trani

MIT SCHOKOLADE ÜBERZOGENE MANDELN VON ONKEL PINO

(Apulien – Manfredonia)

Zutaten

500 g Blockschokolade zum Schmelzen,
500 g Mandeln, eine Bio-Zitrone oder -Orange

Zubereitung
Onkel Pino röstete die Mandeln mit der Schale im Ofen bei 180 Grad etwa 5 Minuten. Danach ließ er sie auf einem Marmorbrett abkühlen und brachte die zerkleinerte Schokolade in einem Wasserbad zum Schmelzen. Sobald sie flüssig wurde, drehte er die Flamme herunter, gab die gerösteten Mandeln mit etwas abgeriebener Zitronen- oder Orangenschale dazu und rührte kräftig um, damit die Mandeln sich vollständig mit Schokolade überzogen. Mit einem Löffel nahm er sie dann heraus (höchstens 5 auf einmal) und bildete mithilfe eines Teelöffels kleine Häufchen, die er zum Abkühlen auf ein mit Alufolie überzogenes Tablett setzte. Dort ließ er sie ein paar Stunden – für uns Kinder eine Ewigkeit – ruhen.

Passender Wein: Moscato di Trani

Ma se i dolci sapori della festa e dell'affetto riuscivano ad arrivare fino a Como e a illuminarne l'inverno, in Puglia c'era qualcos'altro che proprio non si riusciva a trasportare di cui per tutto l'anno tutta la famiglia sentiva la mancanza: il mare.

La vera scoperta del mondo del mare avvenne per me soprattutto nel corso delle estati trascorse a Molfetta nella casa dei miei nonni materni.

Di quell'appartamento amavo due cose in particolare. L'ingresso che da bambina mi pareva grandissimo con il suo pavimento di piastrelle marmorizzate bianche dove giocavamo noi nipotini con il barboncino Robi, e il balcone che dava sul porto. Su quel balcone nonno aveva piantato dei gelsomini profumati e una pianta esotica, la hoya carnosa, che si era portato da uno dei suoi viaggi. I fiori formano dei grappoli tondi come una boccia, e sono costituti da due stelline sovrapposte, una grande che sembra di velluto e che con i raggi del sole prende riflessi argentati e una più piccola rossa con le punte gialle. Mamma e le zie se li mettevano alle orecchie inserendoli nel buco sui lobi che avevano fin da quando erano bambine, mentre io mi limitavo ad accarezzarli. Passavo ore ad ammirare questi fiori misteriosi e profumati, un meraviglioso regalo che nonno ci aveva portato da lontano, dall'India diceva lui. Pensavo che da grande sarei andata in India e me ne sarei portati tantissimi a casa, a Como, per abbellire e profumare la nostra veranda. Chissà magari Serafino ci sarebbe anche saltato sopra, come faceva sulla mia spalla e avrebbe costruito proprio lì il più bel nido del mondo per i suoi piccoli.

Vicino a questa pianta sul balcone di Molfetta si sedeva sempre nonno con la pipa in bilico tra le labbra

ENKELKIND EINES SEEMANNS

Wenn es auch dem süßen Gefühl von Fröhlichkeit und Zuneigung gelang, bis nach Como vorzudringen und den Winter zu erhellen, so gab es in Apulien doch etwas, das man nicht einfach mitnehmen konnte und wonach sich die gesamte Familie das ganze Jahr über sehnte: das Meer.

So richtig entdeckte ich die Welt des Meeres erst im Laufe der Sommer, die wir überwiegend in Molfetta bei meinen Großeltern mütterlicherseits verbrachten. Zwei Dinge liebte ich besonders an dieser Wohnung: den Eingangsbereich, der mir als Kind riesig vorkam, mit seinem Boden aus marmorierten weißen Fliesen, wo wir Enkelkinder mit dem Pudel Robi spielten, und der Balkon zum Hafen hin. Auf diesem Balkon hatte Großvater Leo duftenden Jasmin gepflanzt sowie eine exotische Pflanze, eine Porzellanblume, die er von einer seiner Reisen mitgebracht hatte. Ihre Blüten bilden kugelrunde Trauben und bestehen jeweils aus zwei übereinanderliegenden Sternchen, ein großes wie aus Samt, das im Sonnenlicht silbern glänzt, und ein kleineres rotes mit gelben Spitzen. Meine Mutter und die Tanten steckten sie sich in die Ohrlöcher, die sie schon von klein auf hatten, während ich mich darauf beschränkte, sie zu streicheln. Ich verbrachte Stunden damit, diese geheimnisvollen und duftenden Blüten zu bewundern, ein herrliches Geschenk, das uns Großvater aus der Ferne, er sagte, aus Indien, mitgebracht hatte. Wenn ich mal groß bin, dachte ich mir, würde ich nach Indien fahren und ganz viele mit nach Hause, nach Como, bringen, damit sie unsere Veranda schmückten und ihren Duft verbreiteten. Wer weiß, vielleicht würde Serafino sich auf ihnen niederlassen, wie er es auf meiner Schulter tat, und genau dort das schönste Nest der Welt für seine Jungen bauen.

Neben dieser Pflanze auf dem Balkon von Molfetta saß mein Großvater immer, die Pfeife hing ihm im Mund und er be-

a guardare il mare e a ripensare alla sua vita precedente fatta di libertà, scoperte e salsedine. Aveva navigato per anni e quando era tornato aveva deciso di godersi il suo nuovo ruolo di nonno; infatti è stato proprio lui a insegnarmi tutto quello che so del mare e dei suoi tanti « doni » come lui definiva pesci, molluschi e crostacei.

Nonno Leo era un grande conoscitore di tutto ciò che viveva nel mare e ogni pesce, ogni mollusco me lo presentava corredato da una spiegazione dettagliata. Fu così che un giorno d'estate incontrai per la prima volta i « cozzoli », in italiano murici, delle conchiglie marroni dalla forma attorcigliata che assomigliano vagamente a una foglia spinosa di agrifoglio. Nonno era tornato a casa dal suo giro al mercato con delle grandi borse ricolme e io, sempre curiosissima, avevo cominciato a ronzarci intorno.

« Attenta che ti fai male » disse quando mi vide allungare la mano verso la grande busta di plastica da cui fuoriuscivano le punte acuminate dei cozzoli. « Quante conchiglie ! Ma davvero si mangiano? » chiesi. « Certo, si mangia l'animaletto che c'è dentro, vedi? » rispose appoggiando due cozzoli sul tavolo perché potessi osservarli da vicino. Con mia grande sorpresa a un certo punto le conchiglie cominciarono a muoversi. « Ma assomigliano alle lumache che vivono a Como nel prato vicino a casa ! » mi lasciai scappare. « No di certo ! I cozzoli sono più buoni e poi vivono nel mare e il mare a Como non c'è ! » mi rispose piccato.

Ci rimasi un po' male ma mi passò subito perché nonno ne prese uno, lo girò e mi fece vedere il mollusco interno : « Vedi quella parte dura e tonda? È la porticina con cui l'animaletto sbarra l'ingresso alla conchiglia quando non vuole essere disturbato. » « Ma allora bisogna bussare per farlo uscire? » chiesi. Nel frattempo nonna li aveva messi in una grande terrina con acqua e

trachtete das Meer und überdachte sein bisheriges Leben, ein Leben, geprägt von Freiheit, Entdeckungen und Salz. Jahre hatte er auf dem Schiff verbracht, und nachdem er heimgekehrt war, beschlossen, seine neue Rolle als Großvater zu genießen. Tatsächlich war er es, der mir all das beibrachte, was ich über das Meer und seine vielen «Gaben» weiß, wie er die Fische, Weichtiere und Krustentiere nannte.

Großvater Leo war ein großer Kenner von allem, was im Meer lebte, er kannte jeden Fisch, jedes Weichtier präsentierte er mir mit einer ausführlichen Erklärung. So sah ich eines Tages zum ersten Mal «*cozzoli*», auf Italienisch *murici*, braune, spiralförmige Muscheln, die ein bisschen der Stechpalme ähneln. Großvater war von seinem Spaziergang zum Markt mit großen, vollen Taschen heimgekehrt und ich, wie immer äußerst neugierig, begann darum herumzuschwirren.

«Pass auf, dass du dir nicht wehtust», sagte er, als er mich die Hand nach der großen Plastiktüte ausstrecken sah, aus der die scharfen Spitzen der *cozzoli* ragten. «So viele Muscheln! Aber kann man die wirklich essen?», fragte ich. «Natürlich, man isst das kleine Tier, das innen ist, siehst du?», antwortete er und legte zwei der Muscheln auf den Tisch, damit ich sie aus der Nähe ansehen konnte. Zu meiner großen Überraschung begannen die Muscheln sich plötzlich zu bewegen. «Sie ähneln ja den Schnecken, die in Como auf der Wiese in der Nähe unserer Wohnung leben!», entfuhr es mir. «Nein, ganz gewiss nicht! Die *cozzoli* sind sehr viel besser und außerdem leben sie im Meer und in Como gibt es kein Meer!», antwortete er beleidigt.

Ich ärgerte mich ein bisschen, doch das war bald vorbei, weil Großvater eine nahm, sie umdrehte und mir das weiche Innere zeigte: «Siehst du diesen harten, runden Teil hier? Das ist das Türchen, mit dem das kleine Tier den Eingang der Muschel verriegelt, wenn es nicht gestört werden möchte. «Dann muss man anklopfen, damit es herauskommt?», fragte ich. In der Zwischenzeit hatte Großvater sie in eine große Schüssel mit Wasser

sale a farli spurgare, dove sarebbero rimasti per un'oretta.

Nonno aprì la seconda busta, ne estrasse quasi un intero fondale marino che versò in una grande ciotola profonda: erano i pesci per fare la zuppa, il « ciambotto » come si chiama in Puglia. Nonna e mamma guardarono entusiaste il pescato, mentre io ero un po' spaventata e dentro di me pensavo che erano davvero degli strani animali. C'era un pesce rosso che sembrava un diavolo con gli occhi sgranati che boccheggiava incredulo. Poi c'erano due o tre pesci dall'aria più normale che si schiaffeggiavano a vicenda con la coda, altri che si muovevano come dei serpenti, e infine delle canocchie che si davano un gran daffare inutilmente agitando nell'aria le loro « zampette ».

« Mamma perché muovono così la bocca? » chiesi quasi intuendo che la risposta non mi sarebbe piaciuta affatto. « Perché cercano l'acqua » mi rispose « Ma se non la trovano che succede? » incalzai « Muoiono » disse lei con tutta franchezza. « E noi ce li possiamo mangiare » intervenne spiccio nonno che aveva deciso di impartirmi la prima lezione della mia vita sulla fauna ittica mediterranea.

« Guarda Giulia, ora ti spiego come si riconosce il pesce fresco » mi disse « Vedi questa gallinella e questi naselli? Come sono gli occhi? » Guardai quel pesce diavolo che con la gallina non aveva proprio niente a che vedere, che mi fissava. Poi osservai i pesci che si schiaffeggiavano e pensai che si dovevano fare davvero male l'un l'altro perché avevano proprio uno sguardo sconsolato. Diedi a nonno una risposta che non era proprio quella esatta: « Tristissimi! ».

« Macché tristi e tristi, guarda com'è il colore piuttosto, è lucido e brillante o è opaco e spento? » ribatté lui.

und Salz gelegt, um sie vom Sand zu reinigen. Darin würden sie etwa eine Stunde bleiben.

Mein Großvater öffnete die zweite Tüte und holte dort sozusagen einen ganzen Meeresgrund heraus, den er in eine große, tiefe Schale schüttete. Das waren die Fische für die Suppe, den *ciambotto,* wie sie in Apulien heißt. Meine Großmutter und meine Mutter betrachteten begeistert die gefangenen Fische, während ich etwas erschrocken bei mir dachte, dass das wirklich seltsame Tiere waren. Da war ein roter Fisch, der mit seinen großen Augen wie ein Teufel aussah und ungläubig nach Luft schnappte. Dann waren da noch zwei oder drei Fische, die etwas normaler aussahen und sich gegenseitig mit dem Schwanz ohrfeigten, andere, die sich wie Schlangen bewegten, und schließlich Heuschreckenkrebse, die mit großem Einsatz vergeblich mit ihren « Beinchen » in der Luft strampelten.

« Mama, warum bewegen sie das Maul so? », fragte ich, wohl schon ahnend, dass mir die Antwort überhaupt nicht gefallen würde. « Weil sie nach dem Wasser suchen », antwortete sie mir. « Aber was passiert, wenn sie es nicht finden? », drängte ich. « Dann sterben sie », sagte sie mir in aller Offenheit. « Und wir können sie essen », fiel Großvater ein, der beschlossen hatte, mir die erste Lektion meines Lebens über die Mittelmeerfauna zu erteilen.

« Sieh her, Giulia, ich erkläre dir jetzt, woran man einen frischen Fisch erkennt », sagte er. « Siehst du diese kleine Henne und diese Seehechte? Wie sind die Augen? » Ich betrachtete diesen Teufelsfisch, der mit einer Henne absolut nichts gemein hatte und mich anstarrte. Dann beobachtete ich die Fische, die sich ohrfeigten, und dachte, dass sie sich wirklich gegenseitig wehtun mussten, so trostlos wie sie dreinsahen. Ich gab Großvater eine Antwort, die wirklich nicht gewünscht war: « Sehr traurig! »

« Was heißt hier traurig, traurig, schau dir die Farbe an, ist sie eher leuchtend und glänzend oder matt und erloschen? », gab er zurück.

Contro la mia volontà dovetti soffermarmi di nuovo a osservare gli occhi imploranti della gallinella e dei naselli. « Aiuto, aiuto ! » urlavano, e io non avevo modo di aiutarli. Allora l'unica cosa che riuscii a fare per interrompere quella lezione di biologia e cattiveria fu scapparmene con le lacrime agli occhi dal barboncino Robi, che almeno era vivo e sempre pronto a giocare con me.

Lontana dallo sguardo disperato dei pesci, mi rotolai per terra senza pensarci più con il cagnetto che si buttava a pancia all'aria per farsi accarezzare. A un certo punto però nonno mi richiamò « Vieni, Giulia, speriamo che almeno i cozzoli non ti facciano spaventare » disse sarcastico. Sicuramente la mia fuga l'aveva fatto rimanere male, e l'avevo sentito borbottare, « Che razza di nipote di marinaio è una che si fa intenerire dagli occhi dei pesci ! Addeisch e nud ! ».

E meno male che i cozzoli gli occhi non li avevano ! Riuscii a resistere. Li togliemmo dall'acqua e sale, li lavammo e li mettemmo in un pentolone. Dopo qualche minuto erano pronti per la grande estrazione, e noi anche. Un tovagliolo a farmi da bavaglino, nonno mi porse un piccolo spiedino di acciaio, quello con cui nonna chiudeva solitamente gli involtini di carne per il ragù. Dovevo infilarlo nella conchiglia e cercare, con un movimento rotatorio, di estrarne il mollusco intero senza romperlo. « Attenta, guarda che in fondo c'è il fegato e quello si rompe facilmente » si raccomandò nonno mentre mi faceva vedere il movimento giusto da fare.

Mi misi all'opera. Giravo il ferretto con cura e il mollusco usciva con il fegato intatto che si allungava per un attimo e subito dopo si arricciava di nuovo. Era lucido e tutto arrotolato che sembrava una chiocciola. « Assaggia adesso » disse il mio nonno marinaio con voce suadente. Appena addentai quell'ani-

Gegen meinen Willen musste ich von Neuem die flehenden Augen der kleinen Henne und der Seehechte betrachten. « Hilfe, Hilfe ! », schrien sie und ich konnte ihnen nicht helfen. Da blieb mir nur noch die Möglichkeit, diese Lektion in Biologie und Böswilligkeit zu unterbrechen und mich unter Tränen den Augen von Pudel Robi zuzuwenden, der wenigstens lebte und immer bereit war, mit mir zu spielen.

Fern von dem verzweifelten Blick der Fische und ohne weiter darüber nachzudenken, kugelte ich mit dem Hündchen über den Boden, das sich schließlich mit dem Bauch nach oben hinwarf, um sich streicheln zu lassen. Doch dann rief Großvater mich wieder zu sich. « Giulia, komm, hoffen wir, dass wenigstens die Muscheln dich nicht erschrecken », meinte er spöttisch. Er hatte sich sicherlich über meine Flucht geärgert und ich hatte ihn brummeln hören : « Was ist das für ein Seemannsenkelkind, das sich von den Augen eines Fisches erweichen lässt ! Unglaublich ! »

Gott sei Dank hatten die Muscheln keine Augen. So gelang es mir, standzuhalten. Wir holten sie aus dem Salzwasser, wuschen sie und legten sie in einen großen Topf. Nach ein paar Minuten waren sie bereit für die spannende Aktion des Herauslösens und wir auch. Eine Serviette diente mir als Lätzchen und Großvater reichte mir einen kleinen Spieß aus Stahl, mit dem Großmutter normalerweise die Fleischrouladen für das Ragout feststeckte. Ich musste ihn in die Muschel einführen und versuchen, mit einer Drehbewegung das Weichtier im Ganzen herauszuziehen, ohne es zu beschädigen. « Vorsicht, hinten siehst du die Leber, die wird leicht zerstört ! », mahnte Großvater, während er mir die richtige Bewegung zeigte.

Ich machte mich an die Arbeit. Vorsichtig drehte ich das Metallstäbchen und die Muschel kam mit intakter Leber heraus, welche sich einen Augenblick in die Länge, doch gleich wieder zusammenzog. Sie glänzte und so zusammengerollt sah sie aus wie eine Schnecke. « Jetzt probier mal », sagte mein Großvater, der Seemann, mit verführerischer Stimme. Kaum hatte ich auf

maletto fu come avere il mare in bocca. Nonno mi bloccò quando vide che ci stavo prendendo gusto, «Fermati, gli altri li mangiamo dopo come antipasto».

A quel punto iniziò a dedicarsi al ciambotto. Lui era lo chef indiscusso di questa pietanza, dall'acquisto dei pesci all'esecuzione del piatto nessuno poteva intervenire. La pentola doveva essere quella giusta, larga e bassa, un filo d'olio extravergine d'oliva, qualche spicchio d'aglio, il pomodoro fresco e già la cucina cominciava a impregnarsi dell'odore acre dell'uno stemperato poi dal profumo dolce dell'altro. Poi metteva i pesci uno alla volta in padella. «Guarda Giulia, i pesci non si mettono tutti insieme perché hanno tempi di cottura diversi. Prima mettiamo le cicale, poi la gallinella, e solo alla fine i naselli che sono i più teneri e si cuociono più in fretta. Impara Giulia, così poi lo farai anche tu!» mi spiegò. Si rivolgeva a me come fa il cuoco con l'aiuto cuoco che prima o poi lo dovrà sostituire. Il ciambotto era molto brodoso e andava mangiato con gli spaghetti rigorosamente spezzati con le mani. Dopo averli rotti in maniera sommaria, nonno li chiudeva in un canovaccio bianco a mo' di fagotto, poi li schiacciava e li strizzava con le sue mani forti. E così fece quel giorno che sarebbe stato il mio debutto come grande estimatrice di pesce: mangiai con gusto i cozzoli e tutti i pesci senza nemmeno ricordare che prima mi avevano tanto intenerita.

Certo nonno aveva ragione quando mi diceva di gustarmi il suo ciambotto perché a Como non l'avrei più mangiato. Nonostante tutte le spiegazioni e i segreti che avevo imparato e gelosamente custodito per anni, non avrei mai ritrovato il sapore della zuppa di pesce di nonno Leo, né sarei mai stata in grado di riprodurla e farla esattamente come la sua. Il mio apprendistato

das Tierchen gebissen, war mir, als hätte ich das Meer im Mund. Großvater hielt mich zurück, als er sah, dass ich Geschmack daran fand. « Das reicht, die anderen essen wir nachher als Antipasto. »

Nun begann er, sich dem *ciambotto* zu widmen. Er war zweifelsohne der Chefkoch für dieses Gericht. Vom Kauf der Fische bis zur Zubereitung durfte keiner eingreifen. Der Topf musste der richtige sein, breit und tief, ein Schuss Olivenöl *extravergine,* einige Knoblauchzehen, frische Tomaten und schon verbreitete sich in der Küche ein zunächst scharfer Geruch, der bald durch den süßen Duft der Tomaten gemildert wurde. Dann legte er die Fische, einen nach dem anderen, in die Pfanne. « Sieh her, Giulia, die Fische werden nicht alle zusammen hineingelegt, weil sie unterschiedlich lange Garzeiten haben. Zuerst kommen die Heuschreckenkrebse, dann die kleinen Hennen, und erst am Ende die Seehechte, die am zartesten und schneller fertig sind. Das musst du lernen, Giulia, damit du es später selbst machen kannst ! », erklärte er mir. Er wandte sich an mich wie der Koch an den Hilfskoch, der ihn früher oder später ersetzen muss. Der *ciambotto* hatte viel Brühe und wurde mit Spaghetti gegessen, die ganz rigoros mit den Händen zerbrochen wurden. Nachdem er sie grob gekürzt hatte, wickelte er sie in ein weißes Geschirrtuch zu einem Bündel, zerdrückte und wrang sie schließlich mit seinen kräftigen Händen. So tat er es an dem Tag, der mein Debüt als große Liebhaberin von Fisch sein sollte. Ich esse mit großem Appetit Muscheln und jede Art von Fisch, ohne auch nur daran zu denken, dass sie mich früher so gerührt hatten.

Großvater hatte zu recht gesagt, ich solle seinen *ciambotto* kosten. Er wusste, dass ich ihn in Como nicht bekommen würde. Trotz all der Erklärungen und Geheimnisse, die ich gelernt und jahrelang eifersüchtig gehütet hatte, sollte ich den Geschmack der Fischsuppe von Großvater Leo nie wiederfinden und es sollte mir auch nicht gelingen, die Suppe genau wie die seine herzustellen und zuzubereiten. Meine Lehrjahre als Hilfsköchin

di aiuto cuoco presso mio nonno purtroppo era stato troppo breve. E poi sia a Como che in seguito a Monaco, quando mi mettevo a fare il ciambotto c'era sempre qualcosa che mancava, ma cos'era? Direi la materia prima, l'aria frizzante e profumata del Sud, ma soprattutto gli occhi celesti di mio nonno.

IL CIAMBOTTO DI NONNO LEO

(Puglia – Molfetta)

Ingredienti per 4 persone
1 kg di pesce misto: 1 pescatrice, 1 scorfano, 1 gallinella, 1 o 2 merluzzi, 1 sarago; 2 triglie, 4 seppioline, 4 cicale, 2–3 scampi, 200 gr. di pomodori rossi, 1 ciuffo di prezzemolo, peperoncino, sale q. b., 1 spicchio di aglio, olio extravergine di oliva q. b.

250 gr. di spaghetti o linguine

Preparazione
Per nonno Leo la *conditio sine qua non* era che il pesce fosse ancora vivo. Su questo punto a noi oggi non resta che chiudere un occhio.

Per prima cosa puliva il pesce togliendo le interiora, la coda e le branchie, lo squamava e lo lavava accuratamente. Poi metteva sul fuoco una larga padella, faceva rosolare l'aglio nell'olio extravergine e mano a mano aggiungeva le cicale, gli scampi e le seppioline saltando il tutto fino a che raggiungeva un bel colore dorato. A quel punto versava i pomodori tagliati a pezzi, metteva il sale e il peperoncino lasciando rosolare per altri 5 minuti. Indi copriva con acqua e una volta raggiunto il bollore aggiungeva la pescatrice, lo scorfano, la galli-

bei meinem Großvater waren leider viel zu kurz. Außerdem, wann immer ich *ciambotto* machte, sei es in Como oder später in München, stets fehlte etwas. Doch was war es? Ich würde sagen, das Rohmaterial, die prickelnde und duftende Luft des Südens, vor allem aber die himmelblauen Augen meines Großvaters.

CIAMBOTTO VON GROSSVATER LEO

(Apulien – Molfetta)

Zutaten für 4 Personen
1 kg gemischten Fisch: 1 Seeteufel, 1 Drachenkopf, 1 Knurrhahn, 1 oder 2 Seehechte, 1 Meerbrasse; 2 Seebarben, 4 kleine Tintenfische, 4 Heuschreckenkrebse, 2–3 Scampi, 200 g rote Tomaten, 1 Bund glatte Petersilie, *Peperoncino*, Salz nach Gusto, 1 Knoblauchzehe, Olivenöl *extravergine* nach Gusto

250 g Spaghetti oder Linguine

Zubereitung
Für Großvater Leo war es *conditio sine qua non*, dass der Fisch noch lebte. Was das angeht, müssen wir heute ein Auge zudrücken.

Als Erstes säuberte er den Fisch, indem er Eingeweide, Schwanz und Kiemen entfernte, ihn entschuppte und sorgfältig wusch. In einer großen Pfanne briet er den Knoblauch in Olivenöl an, gab nach und nach Heuschreckenkrebse, Scampi und die kleinen Tintenfische dazu und briet unter Rühren alles an, bis es eine schöne goldgelbe Farbe annahm. Nun wurden die in Stücke geschnittenen Tomaten, Salz und *peperoncino* dazugegeben und weitere 5 Minuten darin gedünstet. Anschließend bedeckte er die Mischung mit Wasser, und sobald sie kochte, fügte er den Seeteufel, den Drachenkopf, den

nella e il sarago proseguendo la cottura per 10 minuti a fuoco dolce. Ultime restavano le triglie e i merluzzi e da lì, dopo altri 5 minuti, la cottura del pesce poteva dirsi completata. A fuoco spento cospargeva il tutto di un trito di prezzemolo fresco.

Spezzettava gli spaghetti o le linguine e faceva cuocere la pasta in 2 l di acqua salata. Poi la scolava e la versava nel brodetto di pesce da cui aveva già estratto i vari pesci che avrebbe servito come seconda portata.

Vino da abbinare: Pas dosé metodo Classico / Pinot nero

Knurrhahn sowie die Meerbrasse hinzu und ließ das Ganze 10 Minuten auf kleiner Flamme köcheln. Als Letzte blieben die Seebarben und die Seehechte, mit denen nach weiteren 5 Minuten die Fischsuppe fertig war. Sie wurde vom Feuer genommen und mit frischer, gehackter Petersilie bestreut.

Großvater brach die *spaghetti* oder *linguine* in kleine Stücke und ließ sie in 2 l Salzwasser kochen. Die abgetropften Nudeln schüttete er dann in die Fischbrühe, aus der er zuvor die verschiedenen Fische vorsichtig herausgenommen hatte. Er servierte sie dann als Hauptgang.

Passender Wein: Pas dosé metodo Classico / Pinot nero

La vibrazione del mio cellulare mi riporta alla realtà, è arrivato un messaggio. Ero imbambolata a guardare fuori dal finestrino, scomodamente rannicchiata nel mio posto a sedere. « *Selber schuld!* (colpa tua) » mi ha detto Thomas quando ha visto che mi sono decisa solo tre giorni fa a prenotare il viaggio: i vagon lit erano tutti occupati. Meglio, mi sono detta io invece, mi è sempre piaciuto stare sveglia di notte a osservare quello che accade. Nelle ore notturne il mondo è tutto diverso, è un mondo che si indovina, un mondo di storie, immaginazione e mistero. In treno, mentre scorrono le campagne e le periferie addormentate, respiro a pieni polmoni l'odore della notte e la mia immaginazione si diverte.

Guardo il cellulare, è Daniele che mi chiede come va il viaggio, da lui è mattina e mi allega alcune foto del suo ultimo concerto. In una foto c'è lui al pianoforte che suona con gli occhi chiusi, in un'altra si vede una folla di asiatici che in piedi batte le mani. Ormai da tempo Daniele vive per la musica e per poter realizzare il suo sogno ha dovuto anche lui lasciare l'Italia. Ci accorgemmo del suo talento nel lettone di mamma e papà una domenica mattina. Il giorno di festa a casa nostra c'era un rito, io e Daniele appena ci svegliavamo andavamo nel letto dei nostri genitori e rimanevamo lì a giocare e a chiacchierare con loro. Allora frequentavo le scuole elementari e Daniele l'asilo. Quella mattina nessuno di noi poteva immaginare che da quel momento la vita di mio fratello avrebbe preso una direzione precisa, ma è così, spesso in pochi secondi si decide tutta un'esistenza.

« Mamma, papà, ho imparato a suonare ‹ Fra Martino Campanaro › con il flauto » urlai allegra saltellando come mio solito. « Che bello, allora facci sentire ! » mi esortò

DAS ABSOLUTE GEHÖR

Das Vibrieren meines Handys holt mich in die Realität zurück, ich habe eine Nachricht erhalten. Verträumt hatte ich aus dem Fenster geblickt, unbequem auf meinem Sitzplatz kauernd. « Selber schuld ! », sagte Thomas, als er mitbekam, dass ich erst vor drei Tagen beschlossen hatte, die Reise zu buchen. Die Schlafwagenplätze waren ausgebucht. Umso besser, sagte ich mir hingegen, hat es mir doch schon immer gefallen, nachts wach zu bleiben und zu beobachten, was passiert. Nachts ist die Welt ganz anders, es ist eine Welt, die man errät, eine Welt der Geschichten, Fiktionen und Geheimnisse. Im Zug hingegen atme ich, während die schlafenden Landschaften und Vororte vorbeiziehen, den Geruch der Nacht ganz tief ein und meine Einbildungskraft hat ihren Spaß.

Ich blicke auf mein Handy, es ist Daniele, der mich fragt, wie die Reise ist; bei ihm ist es morgens und er schickt mir ein paar Fotos von seinem letzten Konzert mit. Auf einem sitzt er am Klavier und spielt, die Augen geschlossen, auf einem anderen sieht man eine Menge Asiaten, die sich zum Applaus erhoben haben. Schon seit Langem lebt Daniele für die Musik. Um seinen Traum zu verwirklichen, musste auch er Italien verlassen. Sein Talent entdeckten wir eines Sonntagmorgens im Ehebett meiner Eltern. An Sonn- und Feiertagen war es bei uns zu Hause Ritual, dass Daniele und ich, kaum waren wir wach, in ihr Bett kamen, dort spielten und mit ihnen plauderten. Damals war ich in der Grundschule und Daniele im Kindergarten. An jenem Morgen konnte keiner von uns ahnen, dass von diesem Augenblick an das Leben meines Bruders eine eindeutige Richtung nehmen würde, aber so ist es, eine ganze Existenz entscheidet sich oft in wenigen Sekunden.

« Mama, Papa, ich habe gelernt, ‹ Meister Jakob › auf der Flöte zu spielen », rief ich, wie gewöhnlich fröhlich hüpfend. « Wie schön ! Dann lass es uns hören ! », forderte Papa mich

papà. I miei ascoltarono con attenzione le note zoppicanti che facevo uscire dallo strumento, e alla fine per compiacermi mi mentirono dicendo «Bravissima!». Poco più in là Daniele aveva ascoltato in silenzio. Qualche minuto dopo, dimenticato il flauto, giocavo con mamma. Ma all'improvviso sentimmo la melodia della canzoncina suonata alla perfezione levarsi in una successione calda e senza intoppi. Ci guardammo tutti straniti e girammo la testa in direzione della musica. Daniele suonava a orecchio, impegnato a coprire bene i fori con le sue dita corte di bambino. Eppure non un fischio, non una stecca. Battemmo le mani non credendo alle nostre orecchie. «Daniele, prova a suonare ‹Pimpirulin›» lo sollecitò papà incredulo e curioso, riferendosi a una filastrocca popolare che cantava, accompagnandosi con la chitarra, la sera per farci addormentare. E Daniele suonò ‹Pimpirulin› così, come se nulla fosse. Erano queste le prime avvisaglie di ciò che si sarebbe rivelato nel tempo un vero e proprio orecchio assoluto. Quello che era stato il mio flauto diventò «mio, mio», cioè «suo, suo», fino a quando non lo si vide correre per il corridoio esultante con un nuovo flauto, questa volta davvero tutto suo, stretto in mano. Fu così che Daniele si fidanzò indissolubilmente con la musica, e di lì a poco iniziò a suonare il pianoforte, strumento che a tutt'oggi detta i ritmi della sua vita.

Il rivelarsi del talento di Daniele fu per me un colpo non facile da assorbire. Da quel momento le attenzioni andarono a lui, e non solo quelle di mamma e papà. Nonno Matteo, il mio nonno paterno, era un tipo particolare. Aveva perso i capelli a causa di un congelamento. Durante la prima guerra mondiale era in marina e la nave su cui prestava servizio fu colpita e affondata. Era rimasto tre giorni in mare aggrappato a uno scoglio in attesa dei soccorsi, e quando fu tratto in salvo era ovviamente sotto shock e soprattutto completamente calvo.

A casa, al suo ritorno, nessuno lo aveva più ricono-

auf. Aufmerksam lauschten sie den stockenden Tönen, die ich dem Instrument entlockte, und am Ende schwindelten sie, um mir zu schmeicheln: « Sehr gut! » Etwas abseits hatte Daniele ganz still zugehört. Ein paar Minuten später, die Flöte war schon vergessen, spielte ich mit Mama. Plötzlich erklang die Melodie des Liedchens perfekt gespielt in einer warmen Abfolge und ohne Aussetzer. Verblüfft sahen wir uns alle an und drehten den Kopf in Richtung Musik. Da spielte Daniele nach dem Gehör, bemüht, die Löcher mit seinen kurzen Fingerchen gut zu bedecken. Dennoch kein Pfeifen, kein einziges Stocken. Wir klatschten, wollten unseren Ohren nicht trauen. « Daniele, probier doch mal ‹ Pimpirulin › zu spielen », forderte mein Vater ihn ungläubig und neugierig auf und meinte ein Volkslied, das er uns abends zur Gitarre als Schlaflied sang. Daniele spielte ‹ Pimpirulin ›, als wenn nichts dabei wäre. Es waren dies die ersten Anzeichen für das, was sich später als das absolute Gehör erweisen sollte. Was einmal meine Flöte war, wurde « meine, meine », das heißt « seine, seine », so lange, bis er jubelnd mit einer neuen Flöte fest in den Händen über den Korridor rannte, dieses Mal wirklich ganz seine. So kam es, dass Daniele sich unlösbar mit der Musik verband, und es dauerte nicht lange und er begann Klavier zu spielen, das Instrument, das heutzutage den Rhythmus seines Lebens vorgibt.

Die Entdeckung von Danieles Talent war für mich ein nicht leicht zu verkraftender Schlag. Von diesem Moment an galt die Aufmerksamkeit ihm und nicht nur die von Mama und Papa. Großvater Matteo, mein Großvater väterlicherseits, war ein besonderer Typ. Er hatte aufgrund einer Erfrierung alle Haare verloren. Im Ersten Weltkrieg war er bei der Marine und das Schiff, auf dem er Dienst leistete, wurde getroffen und versenkt. Drei Tage wartete er, an eine Klippe geklammert, auf Hilfe. Als er gerettet wurde, stand er offensichtlich unter Schock und war vor allem völlig kahl.

Bei seiner Heimkehr hatte ihn keiner mehr erkannt, allein

sciuto, solo il blu lapislazzuli dei suoi occhi era rimasto lo stesso, ma lo sguardo era diventato assente e a volte si velava improvvisamente di tristezza. Non parlava mai, trascorreva ore e ore seduto su una poltroncina di legno vicino alla finestra sempre con la coppola in testa da cui spuntavano le ciocche di capelli del suo parrucchino castano. Guardava fisso davanti a sé, senza muoversi, senza fiatare. «*A cosa pensa nonno?*» ci chiedevamo noi bambini. Nessuno sapeva a cosa pensasse, forse alla guerra, forse alla sua vita. Ma «*Forse anche a niente*» rispondeva zia Lella, la moglie di zio Pino, fratello di mio padre, con il suo spiccato senso pratico mentre rassettava la cucina. Solo in alcune occasioni nonno ritornava in sé e diventava un nonno come gli altri.

Di questo nonno sapevo davvero poco, lui non raccontava niente, e quando parlava non capivo bene cosa dicesse, dalla bocca gli usciva una specie di borbottio che solo i più esperti sapevano interpretare, soprattutto chi sapeva bene il dialetto. I ricordi che ho di lui derivano tutti da episodi isolati, ma non per questo sono meno intensi. Tra questi quello che mi è rimasto impresso più di altri riguarda proprio il talento musicale di Daniele.

«Ascolta papà» gli disse un giorno mio padre spingendo di fronte a lui Daniele con il flauto in mano. Nonno Matteo lo sentiva per la prima volta e man mano che il suono si spandeva il mento cominciò a tremargli e la bocca sottile a deformarsi. Non appena Daniele ebbe finito borbottò qualcosa che voleva dire «Vieni qui» e lo abbracciò con le lacrime agli occhi. Poi lo prese per mano e mormorò qualcos'altro che voleva dire «Venite con me» e io, papà e Daniele lo seguimmo nel suo studio. Aprì un mobile di legno scuro, tirò fuori una balalaica e una cetra e chiese a Daniele «Ti piacciono?» Prima ancora che il bambino avesse il tempo di rispondere, con un gran sorriso aggiunse «Da oggi sono tuoi». Gli

das Lapislazuliblau seiner Augen war dasselbe geblieben, doch sein Blick war abwesend und verschleierte sich manchmal ohne Grund ganz plötzlich vor Trauer. Er sprach nie, saß Stunde um Stunde auf einem Lehnstuhl aus Holz am Fenster, stets mit der Kappe auf dem Kopf, unter der die Haarbüschel seiner kastanienbraunen Perücke hervorlugten. Er starrte vor sich hin, ohne sich zu bewegen, ohne einen Mucks. «An was denkt Großvater?», fragten wir Kinder uns. Keiner wusste, woran er dachte, vielleicht an den Krieg, vielleicht an sein Leben. «Vielleicht auch an nichts», antwortete Tante Lella, die Frau von Onkel Pino, dem Bruder meines Vaters, mit ihrem Sinn fürs Praktische, während sie die Küche aufräumte. Nur bei manchen Gelegenheiten kehrte Großvater zu sich zurück und wurde ein Großvater wie die anderen.

Von ihm wusste ich wirklich wenig, er erzählte nichts, und wenn er sprach, verstand ich nicht sehr gut, was er sagte. Aus seinem Mund kam eine Art Gestammel, das nur die Erfahreneren deuten konnten, vor allem wenn sie den Dialekt gut beherrschten. Die Erinnerungen, die ich an ihn habe, stammen alle von einzelnen Episoden, sind aber deswegen nicht weniger bemerkenswert. Am meisten hat mich diejenige beeindruckt, die eben genau das musikalische Talent von Daniele betraf.

«Horch mal, Papa», sagte eines Tages mein Vater und schob Daniele mit der Flöte in der Hand vor sich her. Großvater Matteo hörte ihn das erste Mal, und als der Klang sich langsam ausbreitete, begannen das Kinn zu zittern und der schmale Mund sich zu verziehen. Kaum hatte Daniele aufgehört zu spielen, murmelte er etwas, das heißen sollte: «Komm her», und er umarmte ihn mit Tränen in den Augen. Dann nahm er ihn an der Hand und murmelte so etwas wie: «Kommt mit mir mit», und Papa, Daniele und ich folgten ihm in sein Arbeitszimmer. Er öffnete einen Schrank aus dunklem Holz, holte eine Balalaika hervor und eine Zither und fragte Daniele: «Gefallen sie dir?» Bevor der Junge überhaupt Zeit hatte zu antworten, fügte er mit einem breiten Lächeln hinzu: «Ab heute gehören

strumenti li prese papà perché erano troppo grandi per Daniele che, raggiante e impettito, da quel momento divenne l'erede ufficiale di nonno dal punto di vista musicale. Fu lì che scoprii che nonno era stato un musicista e che a quanto pare Daniele il suo talento lo aveva ereditato proprio da lui.

Mentre accadeva tutto quello che ho descritto qui sopra, io stavo lì come un piccolo fantasma trasparente di cui nessuno sembrava avere percezione. Nonno e papà non mi avevano degnata di uno sguardo, la loro attenzione era tutta rivolta a mio fratello il che fece montare in me un attacco di gelosia.

Nonna da parte sua per festeggiare l'elezione di Daniele a « vero » nipote di nonno Matteo in quanto dotato di orecchio assoluto, cucinò la pasta preferita del marito: ditalini e piselli. Ma se mio fratello era il vero nipote, io allora chi ero? Ero forse una « falsa » nipote solo perché non avevo l'orecchio assoluto? Me lo chiedevo e indispettita esibivo grande solerzia nell'aiutare la nonna a sbucciare i pisellini freschi con la speranza che qualcuno si accorgesse di me.

Visto che questo non succedeva, una volta a tavola, elaborai una nuova strategia. Nonno aveva un modo di mangiare pasta e piselli tutto suo. Spostava i ditalini tutti a sinistra e i piselli a destra, poi mangiava i primi sconditi e solo alla fine si gustava con amore i piselli uno per uno.

Allora ebbi un'idea. Volevo che nonno avesse un sorriso anche per me. Volevo anch'io essere una sua « vera » nipote e il modo più semplice per dimostrarglielo era quello di fare qualcosa esattamente come lui. Divisi anch'io, dunque, i ditalini dai piselli, anch'io li misi tutti a sinistra e poi creai una montagnetta verde a destra. Appena l'opera fu terminata gli porsi il piatto dicendogli tutta speranzosa « Nonno, guarda, proprio come fai tu! ». Ero così certa che nonno

sie dir! » Papa nahm die Instrumente, weil sie für Daniele noch zu groß waren; strahlend und kerzengerade war er von dem Augenblick an der offizielle Erbe von Großvater, zumindest in musikalischer Hinsicht. Damals entdeckte ich, dass Großvater ein Musiker war und Daniele sein Talent offenbar von ihm geerbt hatte.

Während des ganzen oben beschriebenen Geschehens stand ich da wie ein kleiner, durchsichtiger Geist, den niemand wahrzunehmen schien. Großvater und Papa hatten mich keines Blickes gewürdigt, ihre ganze Aufmerksamkeit galt meinem Bruder, was in mir einen Anfall von Eifersucht aufsteigen ließ.

Um Danieles Wahl zu Großvater Matteos « wahrem » Enkel zu feiern, da er das absolute Gehör hatte, kochte Großmutter ihrerseits das Lieblingsgericht ihres Mannes: *ditalini* mit Erbsen. Aber wenn mein Bruder der echte Enkel war, was war ich dann? War ich vielleicht eine falsche Enkelin, nur weil ich nicht das absolute Gehör hatte? Das fragte ich mich und verärgert half ich der Großmutter besonders fleißig, die frischen Erbsen zu pulen, in der Hoffnung, dass es jemandem auffiel.

Da dies aber nicht geschah, arbeitete ich, sobald wir am Tisch saßen, eine neue Strategie aus. Mein Großvater hatte die Angewohnheit, die Nudeln mit den Erbsen auf seine Art zu essen. Er legte die *ditalini* alle nach links und die Erbsen nach rechts, dann aß er Erstere pur und erst zum Schluss genoss er mit Hingabe jede einzelne Erbse.

Da hatte ich eine Idee. Ich wollte, dass Großvater auch für mich ein Lächeln hatte. Auch ich wollte seine « echte » Enkelin sein und die einfachste Art, es ihm zu zeigen, war, es ihm gleichzutun. Ich trennte also auch die Nudeln von den Erbsen, legte sie auch alle nach links und häufte dann rechts einen kleinen grünen Berg an. Kaum war das Werk beendet, reichte ich ihm den Teller und sagte hoffnungsvoll: « Sieh her, Großvater, genauso wie du es machst! » Ich war so sicher, dass

avrebbe capito al volo che, proprio come Daniele aveva ereditato i suoi geni musicali, io avevo ereditato da lui l'arte di mangiare pasta e piselli: allora sì, avrebbe abbracciato commosso anche me!

Ma le cose non andarono proprio così. Nonno guardò il mio piatto, alzò lo sguardo su di me e mi fulminò «Non si gioca con il cibo!». Il rimprovero gli uscì in modo chiaro e risoluto senza borbottii, ma io non lo capii lo stesso. Riabbassai gli occhi sul mio piatto e questa volta ero io che avevo il broncio da carlino arrabbiato. Continuai a mangiare e dopo pochi secondi grazie alle prime cucchiaiate di pasta e piselli mi ero già calmata e andavo considerando che era proprio buona, e che sì, il mondo degli adulti era davvero un luogo pieno di inspiegabili stramberie. Per fortuna però, sapevano cucinare.

PASTA E PISELLI DI NONNA CONSIGLIA

(Puglia – Manfredonia)

Ingredienti per 4 persone
400 gr. di piselli novelli sgranati, 1–2 cipolle, 4 cucchiai di olio extravergine di oliva, sale, pepe nero macinato al momento, prezzemolo tritato q.b.

250 gr. di pasta (consigliati tubetti, stortini o pasta lunga spezzettata)

Preparazione
Nonna Consiglia sgranava i piselli novelli freschi, li sciacquava e li lasciava a sgocciolare. Poi li metteva in una pentola insieme a una cipolla grande sottilmente affettata, olio extravergine, prezzemolo tritato e sale. Li faceva andare a fuoco dolce per ca. 5 minuti rime-

Großvater auf der Stelle verstehen würde: So wie Daniele seine musikalischen Gene, hatte ich seine Kunst geerbt, Nudeln mit Erbsen zu essen. Er würde auch mich bewegt umarmen!

Doch es kam ganz anders. Großvater sah auf meinen Teller, wandte mir den Blick zu und fuhr mich an: «Mit Essen spielt man nicht!» Der Vorwurf kam klar und bestimmt, ohne Gestammel, doch ich verstand ihn trotzdem nicht. Ich blickte wieder auf meinen Teller und dieses Mal war ich es, die wie ein zorniger Mops schmollte. Ich aß weiter und nach wenigen Sekunden hatte ich mich dank der ersten Löffel Nudeln mit Erbsen bereits beruhigt und dachte mir, dass es wirklich gut schmeckte und dass, ja, die Welt der Erwachsenen tatsächlich ein Ort voller unerklärlicher Eigentümlichkeiten war. Zum Glück konnten sie jedoch kochen.

NUDELN MIT ERBSEN VON GROSSMUTTER CONSIGLIA

(Apulien – Manfredonia)

Zutaten für 4 Personen
400 g ausgepulte junge Erbsen, 1–2 Zwiebeln, 4 Esslöffel Olivenöl *extravergine*, Salz, frisch gemahlenen schwarzen Pfeffer, gehackte glatte Petersilie nach Gusto

250 g Nudeln (es empfehlen sich *Tubetti*, *Stortini* oder einfach lange, in Stücke gebrochene Nudeln)

Zubereitung
Großmutter Consiglia pulte die frischen, jungen Erbsen aus der Schale, spülte sie mit Wasser ab und ließ sie abtropfen. Dann gab sie sie zusammen mit einer großen, in feine Scheiben geschnittenen Zwiebel, der gehackten Petersilie und dem Salz in eine Pfanne mit Olivenöl. Unter ständigem Rühren

standoli di continuo con un cucchiaio di legno (uno di quelli di zio Pino), poi aggiungeva ca. 250 ml d'acqua e faceva cuocere.

A parte, portava a bollire 2 litri d'acqua salata per la pasta, la scolava al dente e la mescolava ai piselli. Impiattava ben caldo e per chi lo voleva insaporiva con del pepe.

Vino da abbinare: Chardonnay Puglia

(mit einem der Holzlöffel von Onkel Pino) dünstete sie alles ca. 5 Minuten auf kleiner Flamme an, gab dann ca. ¼ l Wasser hinzu und ließ es köcheln.

Separat brachte sie 2 l Salzwasser für die Nudeln zum Kochen, goss sie ab, sobald sie *al dente* waren, und mischte sie unter die Erbsen. Sie wurden möglichst heiß serviert und wer wollte, würzte sie mit Pfeffer.

Passender Wein: Chardonnay Puglia

Con il passare del tempo Como entrava sempre più nel cuore di mamma e papà seducendoli con i suoi tanti volti. La coppia, che ancora si sentiva in parte straniera, si lasciava sorprendere come dei bambini in un grande parco dei divertimenti il cui animo è disposto a cogliere ogni invito. E così andavamo tutti insieme in battello sul lago fino a Piona o a fare le passeggiate al Monte Croce, o a Brunate con la funicolare, i bagni nel lago erano ancora una conquista di là da venire. D'inverno Como sembrava addormentarsi e ad attutire i suoni e i colori per non disturbarla ci pensavano la nebbia e la neve. Quando la città si riempiva di neve, per mamma e papà quell'innaturale silenzio che si imponeva rendeva tutto fatato. In Puglia la neve era davvero rara e loro si incantavano a guardare dalla finestra il paesaggio che si imbiancava.

La cittadina lombarda riservava però anche altre sorprese. A volte quando pioveva molto il lago usciva dagli argini allagando Piazza Cavour. Mamma tutta eccitata ci vestiva, ci metteva gli stivali di gomma e ci portava a fare gli equilibristi sulle passerelle di legno perché ci sentissimo come a Venezia, diceva lei. D'inverno un avvenimento particolarmente atteso era il carnevale. Como si vestiva in maschera trasformandosi in una città allegra e colorata sotto una pioggia di coriandoli e stelle filanti. Piazza San Fedele, via Vittorio Emanuele e Piazza Duomo venivano all'improvviso risvegliate dagli schiamazzi di Arlecchini, Zorri e fatine che in quell'occasione divenivano protagonisti assoluti.

Ci fu un anno in cui il carnevale coinvolse tutta intera la nostra famiglia. Come sempre nei vari locali della città si tenevano sfilate e premiazioni per le mascherine più belle e nostra madre, che si divertiva a farci i vestiti

COMER CHIACCHIERE

Mit der Zeit eroberte Como das Herz meiner Eltern und verführte sie geradezu mit seinen vielen Gesichtern. Die beiden, die sich hier und da noch fremd fühlten, ließen sich überraschen wie Kinder in einem großen Vergnügungspark, bereit, jede Einladung anzunehmen. So fuhren wir alle zusammen mit dem Boot auf dem See bis Piona oder zu Wanderungen an den Monte Croce oder mit der Seilbahn nach Brunate; das Baden im See galt es erst noch zu entdecken. Im Winter schien Como zu schlafen, und um es nicht zu stören, sorgten Nebel und Schnee dafür, dass Töne und Farben gedämpft wurden. Wenn es in der Stadt schneite, erschien in dieser unnatürlichen Stille meinen Eltern alles wie verzaubert. In Apulien gab es nur selten Schnee und sie beobachteten durch das Fenster ganz begeistert, wie sich die Landschaft weiß färbte.

Das lombardische Städtchen hielt jedoch noch andere Überraschungen bereit. Manchmal, wenn es viel regnete, trat der See über die Uferdämme und überschwemmte die Piazza Cavour. Aufgeregt kleidete Mama uns an, steckte uns in die Gummistiefel, damit wir über die Holzstege balancieren konnten, um uns, wie sie sagte, wie in Venedig zu fühlen. Ein besonders herbeigesehntes Ereignis im Winter war der Karneval. Como maskierte sich und verwandelte sich in eine fröhliche, bunte Stadt unter einem Regen von Konfetti und Luftschlangen. Piazza San Fedele, Via Vittorio Emmanuele und Piazza Duomo wurden plötzlich vom Geschrei der Harlekine, Zorros und Feen zu neuem Leben erweckt; sie waren bei diesem Anlass die unangefochtenen Hauptdarsteller.

In einem Jahr nahm der Karneval unsere gesamte Familie in Beschlag. Wie immer fanden an verschiedenen Orten der Stadt Umzüge statt und die am besten verkleideten Mädchen wurden prämiert. Mama, der es Spaß machte, für uns Kostüme zu nähen,

da maschera, decise di entrare in lizza. Tutto cominciò dal fatto che Daniele era stato iscritto dal suo maestro di musica a un concorso canoro in maschera. A questo erano abbinati una sfilata di costumi e una gara per il miglior dolce di carnevale. Daniele avrebbe cantato ‹Bombolo›, una simpatica canzone degli anni '30 e io e mamma gli avremmo fatto compagnia partecipando rispettivamente io alla sfilata per la maschera più bella e lei alla gara dei dolci. Era sicura che Daniele avrebbe vinto il concorso canoro, io la sfilata e lei il primo premio per la sfida dei dolci. Si sa che quando mamma si mette in testa una cosa in genere la ottiene. Questa volta però aveva fatto i conti senza l'oste, cioè senza di me. Si mise subito al lavoro e, forse perché si innamorava sempre più di Como, decise di dedicare tutti i suoi sforzi alla città. Stabilì in modo non esattamente democratico (ma allora io le dicevo sempre sì) che mi sarei trasformata in Lucia Mondella, la protagonista dei ‹Promessi Sposi› di Alessandro Manzoni, molto amata sul lago. Lei invece al concorso per il dolce avrebbe partecipato con le chiacchiere, le sfoglie note in tutt'Italia con nomi diversi che però sembra siano nate proprio in Lombardia.

Mamma iniziò una rigorosa ricerca sul costume di Lucia – gonna, camicetta, corpetto, scialle – così come figurava nelle stampe d'epoca. Man mano che mi accorgevo di cosa volesse dire trasformarsi in Lucia Mondella il mio entusiasmo iniziale scemava e scomparve del tutto quando, ciliegina sulla torta, fu chiaro che avrei dovuto portare la raggiera tra i capelli. Papà riuscì a recuperarne una che veniva usata alle sfilate storiche. Cercai di oppormi, era pesante e mi tirava i capelli, ma mamma mi fece capire senza mezzi termini che a quel punto non potevo cambiare idea. Così al termine di un impegnativo «Mettiti così, girati da quella parte, stai dritta, sì così, cammina …» in cui

beschloss, an dem Wettkampf teilzunehmen. Alles begann damit, dass Daniele von seinem Musiklehrer bei einem kostümierten Gesangswettbewerb eingeschrieben wurde. Dazu gehörten ein Kostümumzug und ein Wettbewerb um das beste Karnevalsgebäck. Daniele sollte ‹Bombolo› singen, ein nettes Lied aus den dreißiger Jahren, und meine Mutter und ich würden ihm Gesellschaft leisten, indem ich am Umzug für das schönste Kostüm teilnähme und sie am Gebäckwettbewerb. Sie war sicher, dass Daniele den Gesangswettbewerb, ich die Kostümschau und sie beim Backen den ersten Preis gewinnen würde. Wir wissen, wenn unsere Mutter sich etwas in den Kopf setzt, gelingt es ihr im Allgemeinen. Dieses Mal hatte sie allerdings die Rechnung ohne den Wirt gemacht, das heißt ohne mich. Sie stürzte sich sofort in die Arbeit und vielleicht weil ihre Liebe zu Como immer größer geworden war, beschloss sie, all ihre Kräfte der Stadt zu widmen. Nicht ganz demokratisch (doch damals sagte ich bei ihr zu allem ja) bestimmte sie, dass ich mich in Lucia Mondella verwandeln sollte, die Hauptfigur in Alessandro Manzonis Roman ‹Die Verlobten›, die in der Gegend sehr beliebt war. Sie hingegen wollte beim Süßigkeitenwettbewerb mit *chiacchiere* teilnehmen, in ganz Italien unter verschiedenen Namen bekannte Blätterteigteilchen, die aber wohl tatsächlich aus der Lombardei stammen.

Mama startete eine gründliche Recherche über das Kostüm von Lucia – Rock, Bluse, Mieder, Schultertuch –, so wie es in den Druckwerken jener Zeit vorkam. Als ich nach und nach begriff, was sie mit «sich in Lucia Mondella verwandeln» meinte, ließ meine anfängliche Begeisterung abrupt nach und verschwand völlig, als, sozusagen als Sahnehäubchen auf der Torte, klar wurde, dass ich einen Strahlenkranz im Haar tragen sollte. Papa gelang es, einen zu beschaffen, der bei historischen Umzügen getragen wurde. Ich versuchte, mich zu widersetzen, er war schwer und ziepte an den Haaren, doch Mama machte mir ohne große Umschweife klar, dass hieran nichts zu ändern war. So wurde ich unter den Anweisungen meiner Mutter wie «stell dich so hin, dreh dich zu dieser Seite, steh gerade, ja so, geh ein paar Schritte …»,

mamma ritoccava, cuciva, abbelliva e rifiniva, ero diventata una bellissima Lucia in miniatura anche se poco agile e molto imbronciata. Il peso degli spilloni infilati nelle trecce e gli strati di vestiti mi facevano sentire dentro un'armatura e con un elmo in testa.

Per il personaggio di Daniele furono la creatività e le doti manuali di mio padre ad avere un ruolo fondamentale. Il Bombolo di cui parlava la canzone era un uomo basso e grasso con due baffetti e un elegante gilet. Come trasformare dunque il piccolo Daniele? Papà decise di usare un bidone di plastica a forma di botte che dopo un'azione di taglio, levigatura e coloritura per farlo diventare un frac sarebbe stato perfetto.

Quell'anno mamma si cimentò nelle sue prime chiacchiere. Aveva quasi la sicurezza che avrebbe potuto vincere con il dolce «straniero» perché secondo lei l'impasto era identico a quello di un dolce pugliese che le riusciva sempre benissimo. «L'impasto è come quello delle cartellate, ma più semplice, e invece di immergerle nel vincotto basta spolverarle di zucchero a velo» disse. Io e lei ci mettemmo all'opera. Le friggemmo e le appoggiammo su un bel vassoio, alla fine mamma le cosparse di zucchero a velo e io di codette colorate che un po' spargevo un po' mi mangiavo.

Il giorno del concorso quando Daniele salì sul palco con i suoi baffetti, la botte fatta a frac e una tuba nera in testa, la platea già rideva divertita. Iniziò a suonare la canzone con il flauto e poi a cantarla con la sua vocina sottile di bambino, mimandola a gesti per sottolinearne il testo. Fu uno scrosciare di applausi. Inutile dire che vinse il primo premio.

Io da parte mia dovevo solo sfilare con le altre maschere. «Giulia, dai che tocca a te ora!» disse mamma cercando di avvicinarmi al palcoscenico dove le mascherine si stavano mettendo in fila pazienti. All'improvviso

wobei sie nachbesserte, nähte, verschönerte und verfeinerte, zu einer wunderschönen Lucia in Miniatur, wenngleich wenig gewandt und sehr mürrisch. Durch das Gewicht der großen, in die Zöpfe eingearbeiteten Nadeln und der Kleiderschichten fühlte ich mich wie in einer Rüstung mit einem Helm auf dem Kopf.

Für die Figur von Daniele spielten die Kreativität und das handwerkliche Geschick meines Vaters eine entscheidende Rolle. Das Dickerchen, von dem das Lied handelte, war ein kleiner, runder Mann mit Schnurrbart und eleganter Weste. Wie sollte man also den zierlichen Daniele verwandeln? Papa beschloss, einen Plastikbehälter in Form eines Fasses zu nehmen, der, zugeschnitten, geglättet und gefärbt, zu einem perfekten Frack würde.

In jenem Jahr wagte meine Mutter sich an ihre ersten *chiacchiere*. Sie war sich so gut wie sicher, mit dem «fremden» Gebäck zu gewinnen, weil ihrer Meinung nach der Teig genau der Gleiche war wie bei einem Gebäck aus Apulien, das ihr immer sehr gut gelang. «Der Teig ist wie bei den *cartellate*, nur einfacher, und anstatt sie in eingedickten Traubenmost zu tauchen, werden sie mit Puderzucker bestäubt», meinte sie. Wir machten uns beide an die Arbeit, brieten sie in Fett aus und legten sie auf ein schönes Tablett, zum Schluss streute Mama Puderzucker darüber und ich bunte Streusel, die ich ein wenig verteilte und ein wenig selbst aß.

Am Tag des Wettbewerbs lachten die Zuschauer schon amüsiert, als Daniele mit seinem Schnurrbart, dem zum Frack stilisierten Fass und einem schwarzen Zylinder auf dem Kopf auf die Bühne stieg. Er spielte das Lied erst auf der Flöte, dann sang er es mit seinem feinen Kinderstimmchen, wobei er den Text mit Gesten unterstrich. Es gab tosenden Beifall. Überflüssig zu erwähnen, dass er den ersten Preis gewann.

Ich dagegen sollte mit den anderen Verkleideten lediglich an der Parade teilnehmen. «Giulia, los, du bist jetzt dran!», sagte Mama und versuchte mich zur Bühne zu schieben, wo sich die maskierten Mädchen geduldig in einer Reihe aufstellten. Plötzlich

mi sentii così strana con quella cosa pesante in testa. E se fossi inciampata? E se contrariamente a Daniele non avessi vinto? «Non posso farlo, e poi sono così ridicola con questo vestito!» pensai. La reazione a questi pensieri fu immediata e le mie gambe smisero di muoversi.

«Cosa c'è, amore?» mi disse mamma dolce, ma con un filo di irritazione.

«No» risposi io «non ci voglio andare».

«Ma come, dopo tutto quello che abbiamo fatto, tuo padre è andato addirittura a chiedere la raggiera in prestito!» ribatté lei cercando di convincermi con le buone. Ma ormai avevo deciso, non mi importava più di niente e di nessuno, non volevo fare la sfilata, non volevo salire su quella passerella e non l'avrei fatto. Mi impuntai come un somarello testardo.

Mamma la prese male e si arrabbiò, io feci per allontanarmi da lei offesa. «Vattene, brava, brava, vai da tuo padre e non farti più vedere!» mi disse esagerando la sua collera, convinta in quel modo di avere più presa su di me. Invece di andare da mio padre andai a nascondermi e lei a fine sfilata non riuscendo a trovarmi si spaventò e tutti iniziarono a cercarmi.

Mi ritrovarono alla fine rannicchiata sotto il tavolo sul quale erano posati i dolci in gara, fra cui le chiacchiere di mia madre. Ero scappata proprio lì solo a nascondermi ma, forse per far un dispetto a mamma che non aveva capito le mie ragioni o forse per la frustrazione di non aver avuto il coraggio di sfilare, piano piano mi ero mangiata tutto il vassoio. Fu così che mamma per forza di cose non poté vincere il suo meritatissimo premio, simbolo di una riuscita integrazione.

Non me l'ha mai perdonata, e ancora oggi quando se lo ricorda me lo rinfaccia. Io rido quando me lo dice e poi, qualunque sia il tempo dell'anno e ovunque io sia, mi sento venire una gran voglia di chiacchiere: di mangiarle, di farle.

kam ich mir so komisch vor, mit diesem schweren Ding auf dem Kopf. Und wenn ich stolperte? Und wenn ich nicht wie Daniele gewänne? « Ich kann das nicht, außerdem sehe ich so albern aus mit diesem Kleid ! », dachte ich. Die Reaktion auf diese Gedanken erfolgte spontan, meine Beine bewegten sich einfach nicht mehr.

« Was ist los, Liebes? », fragte meine Mutter zärtlich, aber leicht irritiert.

« Nein », antwortete ich, « ich will da nicht hingehen ! »

« Wie? Nach allem, was wir getan haben, dein Vater hat sogar den Strahlenkranz ausgeliehen ! », versuchte sie mich im Guten zu überzeugen. Doch ich hatte mich inzwischen entschlossen, mir war alles und jeder egal, ich wollte bei der Parade nicht mitmachen, ich wollte nicht auf diesen Laufsteg steigen und ich würde es auch nicht tun. Ich sträubte mich wie ein bockiger kleiner Esel.

Meine Mutter nahm mir das übel und wurde zornig. Beleidigt ging ich weg. « Dann geh doch, sehr gut, sehr gut, geh zu deinem Vater und lass dich nicht mehr blicken ! », sagte sie und übertrieb ihre Wut, überzeugt, mich damit besser in den Griff zu bekommen. Anstatt zu meinem Vater zu gehen, versteckte ich mich, und sie bekam es mit der Angst zu tun, als sie mich am Ende des Umzugs nicht finden konnte und alle anfingen, nach mir zu suchen.

Man entdeckte mich schließlich zusammengekauert unter dem Tisch, auf dem das ganze Gebäck für den Wettbewerb abgestellt war, darunter die *chiacchiere* meiner Mutter. Ich wollte mich dort wirklich nur verstecken, aß aber dann, vielleicht Mama zum Trotz, die kein Verständnis für mich hatte, oder weil ich einfach frustriert war, nicht den Mut gehabt zu haben, am Umzug teilzunehmen, nach und nach das ganze Tablett leer. So konnte meine Mutter zwangsläufig nicht ihren wohlverdienten Preis, Symbol einer gelungenen Integration, gewinnen.

Sie hat es mir nie verziehen und noch heute, wenn sie sich daran erinnert, wirft sie es mir vor. Ich lache dann und außerdem bekomme ich, zu welcher Zeit des Jahres auch immer, große Lust auf *chiacchiere*, sie zu essen, sie zu machen.

LE CHIACCHIERE DI CARNEVALE DI MAMMA

(Italia – Lombardia – Como)

Ingredienti

500 gr. di farina, 70 gr. di zucchero, 50 gr. di burro, liquore oppure marsala oppure vino bianco q. b., 2 uova, 1 bustina di vanillina, un pizzico di sale, olio di semi q. b., zucchero a velo q. b.

Preparazione
Preparate la farina a fontana, versatevi al centro le uova, lo zucchero, la vanillina, il burro che avrete messo a fondere sul fuoco in precedenza e un pizzico di sale. Impastate gli ingredienti con le mani, incorporate il vino o il liquore. L'impasto deve risultare omogeneo e in questo senso il liquore può essere di aiuto secondo mamma. Ricavate dei panetti dal composto e stendeteli con il mattarello (o con la macchina della pasta) fino a realizzare delle sfoglie sottili.

Con la rotella tagliapasta sezionate dei rettangoli di ca. 3 x 4 cm. Questa è la forma classica delle chiacchiere, ma può essere modificata in base alla creatività individuale, mamma per esempio le fa a forma di fiocco, per lei così sono più fantasiose e belle.

Fate scaldare in una padella antiaderente un'abbondante quantità di olio di semi, immergete le chiacchiere e fatele dorare su entrambi i lati. Mamma raccomanda di friggerle solo un minuto per parte e non di più, altrimenti si bruciano. Una volta cotte mettetele a scolare su carta da cucina e servitele dopo averle spolverizzate con lo zucchero a velo.

Vino da abbinare: Oltrepo Pavese Malvasia vivace dolce

MAMAS KARNEVALS-CHIACCHIERE

(Italien – Lombardei – Como)

Zutaten

500 g Mehl, 70 g Zucker, 50 g Butter, Likör,
Marsala oder Weißwein nach Belieben, 2 Eier,
ein Tütchen Vanillezucker, 1 Prise Salz,
Pflanzenöl und Puderzucker nach Gusto

Zubereitung

In die Mulde in der Mitte des Mehls Eier, Zucker, Vanillezucker, zuvor auf dem Herd zerlassene Butter und eine Prise Salz hineingeben. Die Zutaten mit den Händen zu einem Teig kneten, Wein oder Likör hinzufügen, was laut Mama auch dazu beiträgt, dass der Teig glatt wird. Mit dem Nudelholz (oder mit der Nudelmaschine) die Teigmasse stückchenweise zu sehr dünnen Schichten ausrollen.

Mit dem Teigrädchen Rechtecke von ca. 3 x 4 cm ausschneiden. Das ist die klassische Form der *chiacchiere*, sie kann aber je nach persönlichem Belieben abgeändert werden. Mama macht sie zum Beispiel in Flockenform, sie findet sie so phantasievoller und schöner.

In einer beschichteten Pfanne reichlich Pflanzenöl erhitzen, die *chiacchiere* hineingeben und auf beiden Seiten goldgelb anbraten. Mama empfiehlt, nicht länger als eine Minute pro Seite, da sie sonst anbrennen. Zum Abtropfen auf Küchenpapier legen, mit Puderzucker bestreuen und servieren.

Passender Wein: Oltrepo Pavese Malvasia vivace dolce

Papà divideva la sua vita tra famiglia, arte e lavoro. Terminate le ore d'ufficio arrivava a casa e, per distrarsi un po', faceva una passeggiata intorno al prato vicino dove raccoglieva la rucola per farne il sugo per le orecchiette, dei bellissimi fiori viola per mamma e, qualche volta, quando era fortunato, un quadrifoglio da portare in dono a me e Daniele.

Erano ormai passati alcuni anni dal suo trasferimento a Como, aveva iniziato ad apprezzare il lago, si era fatto degli amici del nord, io e Daniele eravamo cresciuti e con noi anche i suoi quadri erano iniziati a cambiare. Dipingeva ancora gli stessi soggetti, ma i colori non gridavano più. Il rosso fuoco aveva perso di aggressività trasformandosi in morbide tonalità rosate, il giallo acceso era diventato più pacato, quasi color senape. Al marrone delle terre arse del sud si era affiancato un verde tenue, lacustre, e il blu scuro del mare in tempesta si era calmato in un dolce turchese. Qualche critico d'arte aveva già iniziato a intravedere nella sua pittura una sorta di osmosi tra le atmosfere abbaglianti del sud e quelle dalle nebbie e dai colori pastello della Lombardia.

Era un sabato e quella sera avrebbe cucinato lui, mamma era tornata tutta contenta poche ore prima dal mercato. «Guarda che bell'agnello, questo lo devi fare assolutamente tu con le patate», aveva detto e papà aveva acconsentito con entusiasmo. L'agnello con le patate era una ricetta esclusiva della sua famiglia che se la passava di generazione in generazione. Il vero specialista del piatto era però suo fratello Pino, lo zio con gli occhi verdi che faceva a me e Daniele le mandorle interrate. Zio Pino aveva lavorato come operaio in

DIE VERWANDTEN AUS DEM NORDEN

Mein Vater teilte sein Leben zwischen Familie, Kunst und Arbeit auf. Nach den Bürostunden kam er nach Hause und machte, um sich etwas abzulenken, einen Spaziergang um die Wiese in unserer Nähe, wo er Rucola für den *sugo* zu den *orecchiette* pflückte, wunderschöne violette Blumen für meine Mutter und, manchmal, wenn er Glück hatte, ein vierblättriges Kleeblatt als Geschenk für Daniele und mich.

Seit dem Umzug nach Como waren inzwischen einige Jahre vergangen, er hatte den See langsam schätzen gelernt, hatte Freunde aus dem Norden gewonnen, Daniele und ich waren gewachsen und mit uns hatten auch seine Bilder sich langsam verändert. Er malte immer noch dieselben Objekte, aber die Farben waren nicht mehr so schreiend. Das Feuerrot hatte seine Aggressivität verloren und sich zu zarten Rosatönen gewandelt, das leuchtende Gelb war ruhiger geworden, fast senffarben. Dem Braun der verbrannten Erde des Südens hatte sich ein feines Seegrün zur Seite gestellt und das dunkle Blau des stürmischen Meeres hatte sich zu einem sanften Türkis beruhigt. Der eine oder andere Kritiker seiner Kunst hatte schon angefangen, in seiner Malerei eine Art Osmose zwischen der blendenden Atmosphäre des Südens und der des Nebels und der Pastellfarben der Lombardei zu erahnen.

Es war an einem Samstag und an jenem Abend sollte er kochen. Meine Mutter war wenige Stunden zuvor ganz zufrieden vom Markt gekommen. «Sieh mal, was für ein schönes Lamm, das musst unbedingt du machen, mit Kartoffeln», hatte sie gesagt und mein Vater hatte begeistert zugestimmt. Das Rezept für Lamm mit Kartoffeln beanspruchte seine Familie für sich und gab es von Generation zu Generation weiter. Der eigentliche Spezialist war allerdings sein Bruder Pino, der Onkel mit den grünen Augen, der für Daniele und mich *mandorle interrate* machte. Onkel Pino hatte in der Fabrik gearbeitet, doch auch

fabbrica, ma anche lui a modo suo era un artista. Si dedicava a intagliare il legno e ne ricavava cucchiai e forchette da regalare ai parenti, soprattutto a mia madre a cui voleva bene come a una sorella. A casa, a Como, mamma usava esclusivamente i mestoli di zio Pino, che erano i migliori di tutti, diceva. Zio era molto bravo anche col filo di rame con cui, intrecciandolo, faceva degli strani ulivi rossi dal tronco massiccio e contorto. A casa sua c'era filo di rame dappertutto e lui, quando si voleva rilassare, si sedeva su uno sgabello sul balcone a intagliare il legno o a intrecciare i suoi fili. In cucina era un professionista e sapendo che il suo agnello con le patate riscuoteva grande successo presso la famiglia del fratello emigrato al nord, non perdeva occasione di cucinarcelo ogni volta che andavamo a Manfredonia a trovare i nonni.

Aveva insegnato questa ricetta in un rituale di sussurri e di sguardi complici al fratello più giovane in gran segreto, e papà la ricucinava a Como ogni qualvolta mamma riusciva a trovare l'agnello. Quando papà era ai fornelli era come se fosse davanti al cavalletto: gli altri dovevano scomparire, non voleva interferenze, consigli, domande o complimenti che fossero. Quel giorno gli promisi che me ne sarei rimasta buona buona sul mio sgabellino in cucina senza dire neanche una parola. Con mia grande sorpresa lui mi permise addirittura di tagliare le patate. «Ormai sei diventata grande e, al posto di guardare e piluccare qua e là, puoi cominciare a renderti utile», disse un po' disturbato dalla mia presenza ma neanche troppo.

Papà è molto preciso. Tagliò i pezzi di agnello, li lavò in acqua e aceto, e poi li mise nella teglia con un trito di aglio, prezzemolo e parmigiano. Io affettai le patate a rondelle, lui le condì in una ciotola e le stese in un ampio strato sopra la carne. Soddisfatto, visto che era

er war auf seine Art ein Künstler. Er widmete sich der Holzschnitzerei und fertigte Löffel und Gabeln als Geschenke für die Verwandten, insbesondere für meine Mutter, der er wie einer Schwester zugetan war. Zu Hause in Como benutzte Mama nur die Kochlöffel von Onkel Pino, die, wie sie sagte, die besten von allen waren. Unser Onkel machte auch sehr schöne Sachen aus Kupferdraht und brachte, indem er ihn flocht, seltsame rote Olivenbäume mit massivem, gewundenem Stamm hervor. Bei ihm zu Hause lag überall Kupferdraht herum, und wenn er sich entspannen wollte, setzte er sich auf einen Hocker auf dem Balkon und schnitzte das Holz oder flocht seine Drähte. In der Küche war er ein Profi, und da er wusste, dass er mit seinem Lamm mit Kartoffeln bei der in den Norden emigrierten Familie seines Bruders großen Erfolg hatte, ließ er es sich nicht entgehen, es jedes Mal, wenn wir in Manfredonia die Großeltern besuchten, für uns zu kochen.

In einem Ritual aus Geflüster und komplizenhaften Blicken hatte er dieses Rezept dem jüngeren Bruder unter großer Geheimnistuerei beigebracht und mein Vater kochte es in Como immer nach, wenn es Mama gelang, ein Lamm aufzutreiben. Am Herd gerierte Papa sich, als stünde er vor der Staffelei. Die anderen mussten verschwinden, er ließ keinerlei Einmischung zu, keinerlei Ratschläge, Fragen oder Komplimente. An jenem Tag versprach ich ihm, ganz friedlich auf meinem Hockerchen in der Küche zu bleiben, ohne auch nur ein Wort zu sagen. Zu meiner großen Überraschung erlaubte er mir doch tatsächlich, die Kartoffeln zu schneiden. «Du bist inzwischen groß und statt hier und da zu schauen und zu naschen, kannst du dich nützlich machen», sagte er, von meiner Anwesenheit ein wenig irritiert, wenn auch nicht allzu sehr.

Papa ist sehr penibel. Er schnitt die Lammteile, wusch sie in Wasser und Essig, legte sie mit zerstoßenem Knoblauch, Petersilie und Parmesan in eine Backform. Ich schnitt die Kartoffeln in runde Scheiben, er würzte sie in einer Schüssel und legte sie in einer breiten Schicht auf das Fleisch. Zufrieden übertrug er

in anticipo, mi diede l'importante compito di preriscaldare il forno e dopo un quarto d'ora di metterci l'agnello che avrebbe avuto bisogno di circa quaranta minuti di cottura. Si infilò la giacca e andò a fare una passeggiata. «Torno al più tardi tra mezz'ora, così controllo la cottura» disse, e rivolto a mamma con severità aggiunse «Non toccare niente, quando torno faccio io, mi raccomando!». Contrariamente a quanto aveva detto non tornò tanto presto, e noi eravamo stupite perché non era da lui lasciare un'opera incompiuta, soprattutto l'agnello con le patate fiore all'occhiello della sua arte culinaria. Lo aspettavamo, mamma camminava su e giù frenetica in preda al dilemma se obbedire o meno al marito, mentre io ne controllavo la cottura e le dicevo di pazientare ancora un po'. A un certo punto aprì il forno per vedere com'era la situazione. Le patate erano cotte al punto giusto, le tastò con la forchetta, si era formata una deliziosa crosticina di formaggio che sembrava d'oro. Il profumo che usciva dal forno risvegliò i nostri sensi e ci ricordò che avevamo una fame irresistibile. In quel momento arrivò papà preoccupato «Scusate, non mi sono accorto che fosse così tardi».

Pochi minuti dopo eravamo tutti a tavola ognuno col suo pezzetto d'agnello e qualche patata croccante, rapiti dalla bontà della ricetta di zio Pino. Intenta a spolpare con gusto il mio, guardai papà che non aveva addentato ancora nulla: era strano, aveva nello sguardo una scintilla diversa e il tipico sorriso discolo di un bambino che ha appena compiuto una marachella. La sua era la faccia di chi ha qualcosa da raccontare. Tutt'a un tratto tirò fuori dalla giacca un fazzolettino di carta stropicciato su cui aveva fatto uno schizzo. Lo porse a mamma, «Cos'è secondo te?» chiese con aria sibillina. Non c'era molto sul foglio, delle linee che si incrociavano con una serie di lune e poi in basso una

mir, nachdem noch reichlich Zeit blieb, die wichtige Aufgabe, den Ofen vorzuheizen und nach einer Viertelstunde das Lamm hineinzuschieben, das eine Garzeit von etwa vierzig Minuten hatte. Er zog seine Jacke an und machte sich auf zu einem Spaziergang. «Ich bin spätestens in einer halben Stunde wieder da, um die Garzeit zu überprüfen», sagte er und an meine Mutter gewandt fügte er ernst hinzu: «Rühr mir bloß nichts an, das mache ich, wenn ich wiederkomme!» Anders als er gesagt hatte, kam er nicht so bald zurück und wir waren verwundert, denn es war nicht seine Art, ein Werk unvollendet zu lassen, schon gar nicht Lamm mit Kartoffeln, die Paradenummer seiner Kochkunst. Wir warteten, Mama lief auf und ab, hektisch geworden in ihrem Dilemma, wie weit sie ihrem Mann Folge leisten sollte, während ich die Garzeit überprüfte und ihr riet, sich noch ein wenig zu gedulden. Schließlich öffnete sie den Herd, um zu sehen, wie es um die Sache stand. Die Kartoffeln waren genau à point, ich prüfte sie mit der Gabel, es hatte sich eine köstliche goldschimmernde Käsekruste gebildet. Der Duft, der aus dem Ofen drang, weckte unsere Sinne und erinnerte uns an unseren unwiderstehlichen Hunger. In diesem Augenblick kam Papa, er war beunruhigt. «Verzeiht, ich habe nicht gemerkt, dass es schon so spät ist!»

Wenige Minuten später saßen wir alle am Tisch, jeder mit seinem Stück Lamm und ein paar knusprigen Kartoffeln, überwältigt von dem guten Rezept von Onkel Pino. Als ich gerade mein Stück Fleisch vom Knochen lösen wollte, blickte ich zu meinem Vater, der noch keinen Bissen gegessen hatte. Er wirkte seltsam, in seinem Blick lag ein eigenartiges Funkeln und er lächelte schelmisch wie ein Kind, das etwas im Schilde führte. Er machte ein Gesicht, als wollte er etwas erzählen. Ganz plötzlich zog er ein kleines Stück ausgerissenes Papier aus der Jacke, auf dem er eine Skizze gemacht hatte. Er reichte sie meiner Mutter. «Was ist das deiner Meinung nach?», fragte er mit rätselhafter Miene. Auf dem Blatt war nicht viel zu sehen, Linien, die sich mit einer Reihe von Monden kreuzten, und dann

grande luna solitaria. Tutti e tre lo guardammo con l'espressione di chi non ci sta capendo nulla. Troppo impaziente per continuare a fare il misterioso sbottò, «Come, non lo riconoscete? è il lampione di via Turati! Questo è il muretto e questo è il lampione. Riconoscete queste lune?». Ci indicava le rette e le curve sul foglietto, come se tutto fosse chiaro, ma noi facevamo fatica a seguire le sue spiegazioni. «Sono solo ombre, sono così strane perché si mescolano una con l'altra lungo la salita. Stavo passeggiando e a un certo punto ho guardato alla mia destra ed eccole lì, era come se mi avessero chiamato». Stavamo lì ad ascoltarlo meravigliati perché capitava molto raramente che ci raccontasse con tanta foga qualcosa.

Naturalmente nessuno di noi si era mai accorto degli effetti di luce creati dal lampione, e come noi probabilmente tutte le migliaia di persone che ci erano passate sotto e non avevano visto altro che la luce di un lampione. Con la sua sensibilità visiva papà invece quella sera aveva intravisto una meraviglia nei giochi di luce e di ombre prodotti dalla lampada, e proprio da quella visione sarebbe nata la serie di quadri chiamata ‹Riflessi di luce›. Furono quei riflessi di luce i primi parenti del nord che io e Daniele acquisimmo, insieme agli ulivi, alle conchiglie e ai fiori di cardo del sud. E nord e sud cominciarono così quella sera a confondersi, ad amalgamarsi e a comprendersi, almeno nella pittura di nostro padre.

unten ein großer einzelner Mond. Alle drei betrachteten wir es mit einem Ausdruck, als begriffen wir gar nichts. Zu ungeduldig, weiter den Geheimnisvollen zu spielen, platzte er heraus: «Wie, ihr erkennt das nicht? Das ist die Straßenlaterne in der Via Turati! Das hier ist die kleine Mauer und das die Laterne. Erkennt ihr diese Monde?» Er zeigte uns die geraden und die gekrümmten Linien auf dem Papier, als wäre alles ganz klar, aber wir hatten Mühe, seinen Erklärungen zu folgen. «Das sind nur Schatten, sie sehen so seltsam aus, weil sie sich entlang dem Aufgang miteinander vermischen. Ich ging spazieren und an einer bestimmten Stelle blickte ich nach rechts und da waren sie, als hätten sie mich gerufen.» Wir saßen da und hörten verwundert zu, weil es sehr selten vorkam, dass er uns etwas mit so viel Eifer erzählte.

Natürlich waren keinem von uns je die von der Straßenlaterne verursachten Lichteffekte aufgefallen und wahrscheinlich hatten alle anderen Tausende von Menschen, die darunter durchgegangen waren, wie wir nichts anderes gesehen als das Licht einer Straßenlaterne. Mit seiner visuellen Sensibilität hatte mein Vater an jenem Abend ein von der Straßenlaterne erzeugtes Wunder von Licht- und Schattenspielen erkannt und genau aus dieser Vision sollte eine Serie von Bildern mit dem Titel ‹Lichtreflexe› entstehen. Diese ‹Lichtreflexe› waren die ersten Verwandten des Nordens, die Daniele und ich uns zulegten, zusammen mit den Ölbäumen, den Muscheln und den Disteln des Südens. Norden und Süden begannen also an diesem Abend, sich zu vermischen, ineinander zu verschmelzen und sich zu verständigen, zumindest in der Malerei unseres Vaters.

AGNELLO CON LE PATATE SECONDO LA RICETTA DI PAPÀ

(Puglia – Manfredonia)

Ingredienti per 4 persone

1 kg di agnello con l'osso, 1 kg di patate, 4 cucchiai di olio extravergine d'oliva, 300 gr. di formaggio Parmigiano grattugiato, 2 spicchi d'aglio, prezzemolo abbondante, sale, pepe

Preparazione
Papà taglia l'agnello a pezzi, lo sciacqua con acqua e aceto e lo asciuga. Poi sbuccia le patate e le taglia a rondelle di ca. 5 mm. Le condisce in una ciotola con sale, pepe e olio extravergine d'oliva e le lascia brevemente riposare, in modo che perdano l'acqua di vegetazione che conserva per aggiungerla nella teglia durante la cottura. Intanto a parte prepara un misto di formaggio grattugiato con un trito d'aglio e prezzemolo.

Unge una teglia da forno con qualche cucchiaio d'olio extravergine, dispone l'agnello e una parte delle patate a colmare tutto lo spazio. Mette il sale, insaporisce con il misto di formaggio, aglio e prezzemolo, ricopre il tutto con uno strato di patate e spolvera con il misto restante. Negli angoli della teglia versa mezzo bicchiere di acqua delle patate. Pone in forno preriscaldato a 180 gradi, e lascia cuocere abbassando la temperatura a 160 per 40–45 minuti. Controlla con la forchetta la cottura delle patate e termina con il grill per 1 minuto in modo che si formi una crosticina dorata uniforme.

Papà serve ben caldo con immensa soddisfazione.

Vino da abbinare: Negroamaro

LAMM MIT KARTOFFELN NACH DEM REZEPT VON PAPA

(Apulien – Manfredonia)

Zutaten für 4 Personen

1 kg Lammfleisch mit Knochen, 1 kg Kartoffeln,
4 Esslöffel Olivenöl *extravergine*,
300 g geriebener Parmesankäse, 2 Knoblauchzehen,
reichlich glatte Petersilie, Salz, Pfeffer

Zubereitung

Papa schneidet das Lammfleisch in Stücke, spült es mit Wasser und Essig ab und trocknet es. Dann schält er die Kartoffeln und schneidet sie in ca. 5 mm dicke Scheiben. Er würzt sie in einer Schüssel mit Salz, Pfeffer und Olivenöl und lässt sie ruhen, damit sie Wasser ziehen, das er auffängt, um es während des Garens hinzugießen zu können. Inzwischen bereitet er eine Mischung aus geriebenem Käse mit gehacktem Knoblauch und Petersilie vor.

Er fettet eine feuerfeste Bratform mit ein paar Löffeln Olivenöl ein, legt das Lamm und einen Teil der Kartoffeln hinein, bis die gesamte Form ausgefüllt ist. Er fügt Salz und zum Würzen etwas von der Mischung aus Käse, Knoblauch und Petersilie hinzu, bedeckt alles mit einer Schicht Kartoffeln und streut den Rest der Mischung darüber. In die Ecken der Bratform gießt er ein halbes Glas von dem Kartoffelwasser. Er schiebt die Form in den auf 180 Grad vorgeheizten Ofen und lässt das Lamm bei 160 Grad 40–45 Minuten garen. Mit der Gabel prüft er, wann die Kartoffeln gar sind, und schaltet zum Abschluss für 1 Minute auf Grillstufe, um eine gleichmäßige goldbraune Kruste zu erhalten.

Höchst zufrieden serviert Papa das heiße Gericht.

Passender Wein: Negroamaro

Per papà fu sicuramente più facile integrare nord e sud nei suoi quadri che in quella che era l'educazione di sua figlia, ovvero io. Molto spesso infatti gli emigrati si portano dentro un'immagine del loro paese ferma al momento in cui l'hanno lasciato. E così succede che per loro il luogo d'origine rimane sempre com'era fino a diventare un mito uguale a se stesso. Da ragazza ho vissuto per qualche anno in un mondo di regole che al nord non esistevano e che ormai anche al sud erano state superate. Mentre le mie amiche di Como, esattamente come le mie cugine pugliesi, potevano andare in discoteca e tornare a casa tardi, per me le dieci erano il limite massimo e la discoteca me la potevo pure sognare. E questo perché i miei volevano fare di me una ragazza seria e rispettabile. Convinti che la vita di una giovane donna sia piena di rischi e tentazioni decisero di eliminare il problema alla radice. Si prepararono dunque ad agire.

Fin da bambina avevo avuto dei bellissimi capelli lunghi e neri, un grande divertimento per mamma che mi pettinava come se fossi una bambola, lasciando spazio alla propria fantasia e acconciandomeli nei modi più strani.

Fu quando i miei celebrati capelli avrebbero potuto rappresentare davvero un motivo di attrazione per l'altro sesso, che accadde qualcosa di tanto imprevisto quanto spiacevole. Mamma e papà rendendosi conto che in me stava per sbocciare la donna, si spaventarono così tanto che escogitarono un piano per assicurarsi il permanere del mio stato di «virtuosa»: mi avrebbero trasformato in un «maschiaccio». Mamma rinunciò di buon grado alla sua bambola da pettinare e, in nome del principio machiavellico per il quale «il fine giustifica i mezzi» si

BEHAARTE FRAU, TUGENDHAFTE FRAU

Für meinen Vater war es sicherlich einfacher, den Norden und den Süden in seinen Bildern zu vereinen als in so etwas wie der Erziehung seiner Tochter, womit ich gemeint bin. Emigranten tragen tatsächlich sehr oft ein festes Bild ihres Landes zu dem Zeitpunkt in sich, zu dem sie es verlassen haben. So geschieht es, dass für sie der Ursprungsort bleibt, wie er einmal war, bis daraus schließlich ein unveränderlicher Mythos wird. Als junges Mädchen habe ich einige Jahre in einer Welt von Regeln gelebt, die es im Norden nicht gab und die mittlerweile auch im Süden überwunden waren. Während meine Freundinnen aus Como genau wie meine Cousinen in Apulien in die Disco gehen und spät nach Hause kommen durften, war für mich zehn Uhr die oberste Grenze und von der Disco konnte ich nur träumen. Und das nur, weil meine Eltern aus mir ein ernsthaftes und geachtetes Mädchen machen wollten. Überzeugt davon, dass das Leben einer jungen Frau voller Risiken und Verlockungen sei, beschlossen sie, das Problem an der Wurzel zu beseitigen. Sie bereiteten sich also darauf vor, etwas zu unternehmen.

Von klein auf hatte ich wunderschönes, langes schwarzes Haar, eine große Freude für meine Mutter, die mich kämmte wie eine Puppe, wobei sie ihrer Phantasie freien Lauf ließ und es mir auf die seltsamsten Weisen frisierte.

Als meine hochgelobten Haare tatsächlich Anziehungskraft auf das andere Geschlecht hätten ausüben können, geschah etwas ebenso Unvorhersehbares wie Unerfreuliches. Als meinen Eltern bewusst wurde, dass in mir langsam eine Frau erblühte, erschraken sie derart, dass sie einen Plan ausheckten, um meinen Zustand der «Tugendhaftigkeit» zu bewahren: Sie würden aus mir ein burschikoses Mädchen machen. Mama verzichtete bereitwillig auf die Puppe, die man frisieren konnte, und machte sich dem machiavellistischen Prinzip gemäß, wonach «der Zweck die Mittel heiligt», ans Werk. «Wie hässlich du aus-

mise all'opera. « Come sei brutta con quei capelli davanti alla faccia ! » mi disse un giorno, e poi un'altra volta e un'altra ancora fino a quando non me lo disse anche papà. Prima che riuscissi a realizzare cosa mi sarebbe successo, lei mi trascinò dal suo parrucchiere Giorgio rassicurandomi « Farà di te una meraviglia ! ». Quella fu l'ultima volta che le ubbidii senza ragionarci troppo sopra. Insieme alle ciocche di capelli si sparse sul pavimento la mia femminilità nascente, che fu spazzata e buttata nella pattumiera dall'aiutante di Giorgio. « Et voilà » disse questi alla fine. E là io ero : io, ma con i capelli a spazzola e un ciuffo più lungo che mi cadeva sulla fronte. Gli occhi mi si riempirono di lacrime e odiai tutte le mamme e i parrucchieri del mondo, insieme ovviamente ai loro aiutanti. Dovevo rassegnarmi : ormai per vedere in me una ragazza ci sarebbe voluta davvero della fantasia e sapevo perfettamente che nessun mio coetaneo ne avrebbe avuta mai a sufficienza.

La mia « bellezza mediterranea » in erba, di cui i folti capelli neri erano l'espressione migliore e più diretta, aveva per altro già mostrato alcuni suoi lati negativi. Da ragazzina quando iniziai a dedicare al mio corpo un'attenzione diversa, scoprii con disappunto che quei miei capelli lucidi e neri come la pece, comportavano peli altrettanto neri sulle braccia e sulle gambe. I miei occhi di adolescente che non contemplavano mezze misure ed erano invece inclini alle esagerazioni, su di me non vedevano altro che peli lunghissimi e foltissimi ovunque. In breve, dopo questa infausta scoperta mi sentivo in tutto e per tutto un orso bruno. Non coglievo più l'intensità morbida del mio sguardo color nocciola, i tratti regolari del mio viso, le timide forme aggraziate che stavano nascendo : no. Vedevo solo e unicamente una ragnatela di peli che mi si era appiccicata addosso e che mi toglieva il respiro.

Avere l'apparenza di un « maschiaccio » non era

siehst, mit den Haaren im Gesicht! », sagte sie eines Tages zu mir und dann noch ein ums andere Mal, so lange bis es auch mein Vater zu mir sagte. Bevor ich überhaupt bemerkte, was mit mir geschehen sollte, schleppte sie mich zu ihrem Friseur Giorgio und versicherte mir: « Er wird aus dir etwas Wunderschönes machen! » Das war das letzte Mal, dass ich gehorchte, ohne weiter darüber nachzudenken. Mit den Haarbüscheln verbreitete sich auf dem Boden auch meine aufkeimende Weiblichkeit, die von Giorgios Gehilfen aufgekehrt und in den Abfalleimer geworfen wurde. « Et voilà », sagte Giorgio schließlich. Und da war ich nun: ich, aber mit einem Bürstenhaarschnitt und einem längeren Haarbüschel, das mir in die Stirn fiel. Meine Augen füllten sich mit Tränen und ich hasste alle Mütter und Friseure der Welt, natürlich mitsamt ihren Gehilfen. Ich musste mich damit abfinden. Wer jetzt in mir ein Mädchen sehen wollte, benötigte wirklich Phantasie und ich wusste genau, dass keiner meiner Altersgenossen genügend davon aufbringen würde.

Meine noch junge « mediterrane Schönheit », für die die dichten schwarzen Haare der beste und direkteste Ausdruck waren, hatte übrigens auch schon ihre negativen Seiten gezeigt. Als ich als junges Mädchen anfing, meinem Körper eine andere Aufmerksamkeit zu schenken, entdeckte ich mit Verdruss, dass diese pechschwarz glänzende Haarpracht außerdem schwarze Haare auf Armen und Beinen mit sich brachte. Der gnadenlose und deswegen zu Übertreibung neigende Blick der Heranwachsenden sah an mir nichts anderes als überall sehr lange, dichte Haare. Kurz, nach dieser unglückseligen Entdeckung empfand ich mich durch und durch als ein brauner Bär. Ich sah nicht mehr die sanfte Ausdruckskraft meiner haselnussfarbenen Augen, die regelmäßigen Gesichtszüge, die zaghaften anmutig sich bildenden Formen: nein! Ich sah einzig und allein ein Spinnennetz von Haaren, das an mir haftete und mir den Atem nahm.

Wie ein « burschikoses Mädchen » auszusehen, war nicht

facile. Privata della chioma, mi fissai sugli odiosi peli che avevo sulle gambe, sulle braccia e soprattutto sul labbro superiore dove era impossibile nasconderli. Le mie amiche di Como erano castane, addirittura bionde, avevano una peluria soffice e chiara come quella di un bocciolo di rosa. « Non sopporto più tutti questi peli ! » dissi una volta a mamma. Lei minimizzò « Se non si vedono nemmeno ! » ma poi aggiunse « La ceretta scordatela, fa malissimo alle vene e con il rasoio o la crema crescono ancora di più. Vuoi sembrare una scimmia? » e poi si lasciò scappare « Non lo conosci il detto: ‹ Donna pelosa donna virtuosa ›? ». Lasciai perdere. Certo che ero virtuosa non avevo altra scelta, povera me !

A differenza di tutte le mie amiche che avevano il fidanzatino io trascorrevo i pomeriggi a scrivere lettere d'amore per le conquiste del mio bellissimo amico Marco non particolarmente dotato nell'arte epistolare. Tra una lettera d'amore e l'altra il tempo passava, il mio corpo si delineava graziosamente, e i capelli piano piano ricrescevano. Un pomeriggio che ero con Marco seduta su un muretto vidi che mi fissava intensamente il polpaccio. Avevo un collant rosso leggermente velato che si abbinava a una minigonna a quadri. Il collant faceva dei riflessi strani che avevano attirato la sua attenzione. « Cos'hai qui? » chiese a un tratto puntando il dito sul mio polpaccio con curiosità. Non senza un certo turbamento rivolsi lo sguardo nel punto che mi indicava accorgendomi che quei riflessi altro non erano che i peluzzi neri che si vedevano in trasparenza. Diventai rossa come il collant, ma lui senza scomporsi mi disse, « Ma perché non ti depili? Lo fanno tutte, lo fa anche mia sorella ! ».

« Eh, sì, perché non mi depilo? » pensavo tornando a casa mentre progressivamente mi montava un attacco

leicht. Meiner Haarpracht beraubt, fixierte ich mich auf die verhassten Haare an den Beinen, auf den Armen und vor allem an der Oberlippe, wo man sie unmöglich verstecken konnte. Meine Freundinnen in Como waren kastanienbraun, ja sogar blond, ihr Flaum war hell und weich wie die Knospe einer Rose. « Ich ertrage diese ganzen Haare nicht mehr ! », sagte ich eines Tages zu meiner Mutter. Sie bagatellisierte die Angelegenheit : « Die sieht man doch gar nicht ! », fügte dann aber hinzu : « Wachs, das kannst du vergessen ! Das ist sehr schlecht für die Venen, und wenn du sie rasierst oder Creme nimmst, wachsen sie noch stärker. Willst du aussehen wie ein Affe ? » Und dann entfuhr ihr : « Kennst du nicht den Spruch : ‹ Behaarte Frau, tugendhafte Frau › ? » Ich gab auf. Natürlich war ich tugendhaft, ich hatte ja keine andere Wahl, ich Arme !

Im Unterschied zu allen meinen Freundinnen, die schon einen Freund hatten, verbrachte ich die Nachmittage damit, Liebesbriefe zu verfassen, und zwar an die Eroberungen meines wunderschönen Freundes Marco, der in der Kunst des Briefschreibens nicht besonders begabt war. Über dem einen oder anderen Liebesbrief verging die Zeit, mein Körper bekam anmutige Konturen, die Haare wuchsen langsam nach. Eines Nachmittags, als ich mit Marco auf einem Mäuerchen saß, sah ich, dass er auf meine Wade starrte. Ich hatte eine leicht blickdichte rote Strumpfhose an, die auf einen karierten Minirock abgestimmt war. Die Strumpfhose zeigte seltsame Reflexe, die seine Aufmerksamkeit auf sich gezogen hatten. « Was hast du denn da ? », fragte er plötzlich neugierig und deutete mit dem Finger auf meine Wade. Leicht verwirrt wandte ich den Blick auf die Stelle, auf die er zeigte, und merkte, dass diese Reflexe nichts anderes waren, als die schwarzen Härchen, die man durchscheinen sah. Ich wurde so rot wie die Strumpfhose, doch er meinte völlig ungerührt : « Warum enthaarst du denn deine Beine nicht ? Das machen doch alle, auch meine Schwester ! »

« Ja, genau, warum enthaare ich meine Beine nicht ? », dachte ich, als ich nach Hause ging, und langsam stieg Wut in mir auf.

d'ira. Ero arrabbiata con la natura matrigna, con il mondo, con me stessa, e con mia madre ovviamente che non mi permetteva di depilarmi. Nel tentativo di far sbollire la rabbia mi feci una doccia, ma poi mi venne la brillante idea di fare un atto dimostrativo e cominciai ad asciugarmi i peli delle braccia con il phon. Iniziai a farlo in camera mia, ma capii subito che lì nessuno mi avrebbero vista e quindi presi il phon e andai in cucina dove mamma stava pulendo del pesce. Con le forbici in una mano e un branzino nell'altra, mi guardò incredula: « Cosa fai, sei impazzita? » disse. Io, imperterrita con gli occhi lucidi, riaccesi il phon e ripresi ad asciugarmi quello che ai miei occhi era un manto peloso. Quando feci per asciugarmi anche i « baffetti », mamma capì finalmente che sua figlia stava cercando disperatamente di dirle qualcosa e, questa volta impietosita mi ascoltò. « Come sei sciocca, amore! Se proprio insisti proviamo a schiarirli questi benedetti peli! ».

La sua buona volontà non ebbe grandi esiti e di lì a poco ero di nuovo in lacrime. Questa volta, però, la causa erano le esalazioni emanate da una puzzolente e irritante pasta blu che avrebbe dovuto rendere invisibili i miei peli. « Tra dieci minuti la togliamo e vedrai » mi esortò a pazientare mamma. Era stato ancora una volta quel maledetto Giorgio, parrucchiere con ambizioni di estetista, a consigliarle quella poltiglia blu mischiata ad acqua ossigenata. Ciò che vidi però dieci minuti dopo, non mi piacque affatto: i « baffetti » erano sempre là, anzi, dopo il trattamento sembravano paglia secca e così anche i peli delle braccia e delle gambe. Ma la cosa peggiore era il contrasto tra quegli stecchi giallicci e i capelli e le sopracciglia corvine.

A quel punto scappai ancora più arrabbiata di prima: questa volta ero decisa, nessuno mi avrebbe fermata.

Ich war wütend auf die stiefmütterliche Natur, auf die Welt, auf mich und natürlich auf meine Mutter, die mir eine Enthaarung nicht erlaubte. Um mich zu beruhigen, ging ich unter die Dusche und da kam mir eine glänzende Idee. Ich fing an, mir ganz demonstrativ die Haare auf den Armen mit dem Föhn zu trocknen. Erst machte ich es in meinem Zimmer, begriff aber sofort, dass mich dort keiner sehen würde, und ging also mit dem Föhn in die Küche, wo meine Mutter gerade Fische säuberte. Eine Schere in der einen Hand und einen Wolfsbarsch in der anderen sah sie mich ungläubig an. « Was machst du denn da, bist du verrückt geworden? », fragte sie. Ich aber, unerschrocken, mit glänzenden Augen, stellte den Föhn an und fing wieder an zu trocknen, was in meinen Augen regelrechtes Fell war. Als ich so tat, als wollte ich auch meinen « Schnurrbart » föhnen, begriff meine Mutter schließlich, dass ihre Tochter verzweifelt versuchte, ihr etwas mitzuteilen, und dieses Mal hörte sie mir voller Mitleid zu. « Du bist doch ein Dummerchen, Liebes! Wenn du wirklich darauf bestehst, dann versuchen wir eben, diese verflixten Haare zu bleichen! »

Ihrem guten Willen war kein großer Erfolg beschieden und es dauerte nicht lange und erneut flossen Tränen. Grund dafür waren dieses Mal jedoch die Ausdünstungen einer stinkenden und die Schleimhäute reizenden blauen Paste, die meine Härchen unsichtbar machen sollte. « In zehn Minuten wischen wir sie ab und dann wirst du sehen! », sagte Mama und forderte mich auf, Geduld zu haben. Wieder war es dieser verdammte Giorgio gewesen, der Friseur mit Ambitionen zum Kosmetiker, der ihr diesen blauen, mit Wasserstoffperoxid vermischten Brei empfohlen hatte. Was ich allerdings zehn Minuten später sah, gefiel mir überhaupt nicht: Der Schnurrbart war immer noch da, vielmehr noch, nach der Behandlung wirkte er wie trockenes Stroh, ebenso die Härchen auf Armen und Beinen. Doch das Schlimmste war der Kontrast zwischen diesen gelblichen Stoppeln, meinen Haaren und den rabenschwarzen Augenbrauen.

Da wurde ich noch wütender als vorher. Dieses Mal war ich entschlossen, niemand würde mich zurückhalten. Ohne Zeit zu

Senza perdere tempo presi il coraggio a quattro mani e andai dall'estetista della sorella di Marco per liberarmi una volta per tutte di quel fardello peloso e soprattutto dall'influenza di mia madre.

Quando uscii dallo studio estetico ero una donna nuova: avevo le gambe lisce come la seta, il viso morbido e vellutato come una rosa. I capelli ondulati, ormai cresciuti, incorniciavano i grandi occhi nocciola e il bel sorriso.

Il giorno dopo Marco mi accarezzò la gamba sorridendo e mi disse «Come sei bella oggi, sei più bella del solito!» e qualche sera dopo mi portò a mangiare un risotto al pesce persico in un ristorantino romantico sul lago, dove capii che non avrei più dovuto scrivere lettere d'amore per le sue amiche.

Era l'inizio di una vita nuova e, fortunatamente per me, da quel momento in poi molto meno virtuosa!

RISOTTO AL PESCE PERSICO RISTORANTE «CROTTO DEI PLATANI»

(Lombardia – Lago di Como)

Ingredienti per 6 persone
600 gr. di pesce persico, 100 gr. di burro, 2 cucchiai di farina bianca, 18 foglie di salvia, 500 gr. di riso, 2 litri di brodo (realizzato con gli scarti del pesce: teste, lische, ritagli e sedano, carota e cipolla); 1 scalogno o 1 cipolla piccola, mezzo bicchiere di vino bianco secco

Preparazione
Tritare finemente la cipolla e rosolarla in una casseruola con metà del burro. Aggiungere il riso, farlo

verlieren nahm ich allen Mut zusammen und ging zur Kosmetikerin von Marcos Schwester, um mich ein für alle Mal von diesem haarigen Übel und insbesondere vom Einfluss meiner Mutter zu befreien.

Als ich aus dem Kosmetikstudio heraustrat, war ich eine neue Frau. Ich hatte Beine glatt wie Seide, ein Gesicht, weich und samten wie eine Rose. Die gewellten Haare, sie waren inzwischen gewachsen, umrahmten die großen haselnussfarbenen Augen und das hübsche Lächeln.

Am nächsten Tag streichelte Marco mir lächelnd übers Bein und sagte: « Wie schön du heute bist, viel schöner als sonst ! », und ein paar Abende später führte er mich zum Essen aus, zu *risotto al pesce persico*, in ein kleines, romantisches Restaurant am See, wo ich begriff, dass ich keine Liebesbriefe mehr für seine Freundinnen schreiben musste.

Es war der Beginn eines neuen Lebens und glücklicherweise für mich ab da sehr viel weniger tugendhaft !

PETERSFISCHRISOTTO AUS DEM RESTAURANT «CROTTO DEI PLATANI»

(Lombardei – Comer See)

Zutaten für 6 Personen
600 g Petersfisch, 100 g Butter, 2 Esslöffel
Weißmehl, 18 Salbeiblätter, 500 g Reis,
2 l Brühe (aus Fischteilen: Köpfe, Gräten,
Fischreste und Sellerie, Karotte und Zwiebel),
1 Schalotte oder 1 kleine Zwiebel,
½ Glas trockener Weißwein

Zubereitung
Die Zwiebel fein hacken und in einer Kasserolle in der Hälfte der Butter dünsten. Reis hinzufügen und anbraten, dann den

tostare, quindi versare il vino bianco e lasciarlo evaporare rimestando sempre. Procedere bagnando con il brodo bollente poco per volta girando perché non si attacchi. Nel frattempo mettere a scaldare in una padella il burro restante con le foglie di salvia. Infarinare i filetti di persico e metterli in padella uno alla volta e appena dorati estrarli. Tenerli da parte al caldo.

Controllare il sapore e la cottura del riso, se necessario aggiungere brodo, sale e pepe. Appena cotto, scodellare in un piatto da portata caldo e deporvi i filetti a corona, irrorando con il burro e salvia.

Vino consigliato: Franciacorta bianco

Wein hinzugeben und unter ständigem Rühren einkochen lassen. Nach und nach mit jeweils wenig kochender Brühe aufgießen und umrühren, damit er nicht anbrennt. In der Zwischenzeit die restliche Butter mit den Salbeiblättern in einer Pfanne erhitzen. Die Fischfilets mit Mehl bestäuben und eins nach dem anderen in die Pfanne legen. Sobald sie goldgelb gebraten sind, herausnehmen. Warmstellen.

Geschmack und Konsistenz des Reises prüfen, wenn nötig, Brühe, Salz und Pfeffer dazugeben. Sobald er gar ist, auf einer warmen Servierplatte anrichten, die Fischfilets als Krone darauflegen. Mit der Butter und den Salbeiblättern übergießen.

Passender Wein: Franciacorta bianco

MA CHI SONO?

Quando dall'isola felice dell'infanzia in cui ero vissuta mi ritrovai in quella fase adolescenziale in cui si inizia a esplorare il mondo, la realtà in cui andai a imbattermi non si rivelò affatto semplice. Vista dall'esterno la mia era una famiglia meridionale che a quel punto aveva voluto dimenticare le abitudini che al nord risultavano inappropriate e si era adattata alla nuova mentalità, la stessa che portava una parte dei nostri vicini a definire altri meridionali «terroni». Non importava infatti se qualcuno che veniva dal sud Italia era una brava persona, se aveva un certo livello culturale, se si era integrato. Veniva il momento in cui i suoi sforzi si vanificavano e qualcuno lo offendeva chiamandolo appunto «terrone», in nome dei più biechi pregiudizi di chi in realtà teme tutto ciò che è diverso da lui.

Così crescere per me significò diventare sempre più consapevole di appartenere a un mondo di mezzo, cosa che si è rivelata anche positiva e nel tempo ho imparato ad apprezzare. Da una parte ero del nord. Non solo perché ci ero nata, ma anche perché su molte cose la pensavo come i comaschi, e anche a me davano fastidio quei meridionali che gesticolavano troppo parlando ad alta voce o che appendevano i panni fuori ad asciugare al sole. Per un altro verso ero invece del sud. Di fatto nelle mie vene scorreva sangue «terrone», cosa che c'era sempre qualcuno che si premurava di ricordarmi. I miei sentimenti verso tutto ciò che era tipico del sud erano forti e sentivo sempre la mancanza della spontaneità, l'affettuosità e la teatralità mediterranea, ingredienti che nelle grandi tavolate famigliari non mancavano mai.

La mia adolescenza è stata un percorso alla ricerca di

WER BIN ICH EIGENTLICH?

Als ich mich nach der Kindheit, die ich auf einer Insel der Glückseligkeit verbracht hatte, im Jugendalter wiederfand, wo man anfängt, die Welt zu erforschen, begegnete ich einer Wirklichkeit, die alles andere als einfach war. Von außen betrachtet waren wir eine Familie aus dem Süden, die zu diesem Zeitpunkt alle sich im Norden als unpassend erwiesenen Gewohnheiten hatte ablegen wollen und die sich der neuen Mentalität angepasst hatte, einer Mentalität, die so manchen Nachbarn veranlasste, Süditaliener herabsetzend als *terroni* zu bezeichnen. Es spielte überhaupt keine Rolle, ob jemand, der aus dem Süden stammte, eine anständige Person war, gewisse kulturelle Bildung besaß und sich integriert hatte. Es kam der Moment, in dem seine Anstrengungen zunichte gemacht wurden und einer ihn beleidigte, indem der ihn *terrone* nannte und damit den primitivsten Vorurteilen derer entsprach, die einfach alles fürchten, was anders ist als sie selbst.

So aufzuwachsen, hieß, mir zunehmend bewusst zu werden, dass ich einer Zwischenwelt angehörte, ein Umstand, der auch seine positiven Seiten hat und den ich mit der Zeit zu schätzen gelernt habe. Einerseits war ich aus dem Norden. Nicht nur, weil ich dort geboren war, sondern auch, weil ich über viele Dinge wie die Bewohner Comos dachte. Auch mich störten die Leute aus dem Süden, die heftig gestikulierten und dabei so laut redeten oder ihre Wäsche draußen in der Sonne zum Trocknen aufhängten. Auf der anderen Seite war ich jedoch Süditalienerin. In meinen Adern floss tatsächlich *terrone*-Blut und es gab immer jemanden, der meinte, mich daran erinnern zu müssen. Meine Gefühle für alles typisch Südliche waren stark, im Norden vermisste ich Spontaneität, Warmherzigkeit und mediterrane Theatralik – «Zutaten», die bei großen Familienrunden nie fehlten.

Meine Jugend prägte die Suche nach einer Identität zwischen

un'identità tra questi due mondi apparentemente inconciliabili e verso i quali la mia adesione era intermittente e piena di ambivalenza. Se da un lato ero entusiasta della mia professoressa napoletana di storia, dall'altro mi irritavo quando il professore pugliese di italiano sbagliava i congiuntivi. In quei casi non condannavo i settentrionali che aspiravano ad avere insegnanti locali o che decidevano, se ne avevano la possibilità economica, di mandare i loro figli in collegi privati con insegnanti del nord.

Col passare del tempo, quando la mia identità cominciò ad assumere una fisionomia più precisa, imparai a capire e ad amare il lago di Como. Fu il signor Monti, il papà di una mia compagna di liceo, a svelarmene il segreto. I genitori comaschi di Luisa mi avevano un po' adottata facendomi scoprire un'altra faccia del mondo in cui vivevo e che ignoravo. « Vedi, Giulia, il lago muta continuamente, se ti fermi a osservarlo con calma ti accorgi che non è mai uguale a se stesso, quando piove diventa grigio, con una certa luce dà sul verde oppure sul blu, ti rendi conto che è vivo proprio come me e te » mi disse una volta il signor Monti. Eravamo a Rogaro, una località vicino a Como dove mi avevano portato per assaggiare una polenta uncia particolarmente eccezionale. La vista sul lago mozzava il respiro e fu lì che iniziai a osservarlo con occhi nuovi. Fino ad allora avevo preferito il mare nella sua vivacità ed esuberanza, con le sue onde che si infrangono sugli scogli regalando all'aria la loro schiuma e il loro profumo. Da quel momento iniziai invece ad apprezzare non solo la pacatezza del lago, ma anche la discrezione e la sobrietà dei suoi abitanti che ben si adattavano all'atmosfera tranquilla, a volte evanescente e nebbiosa del luogo.

Senza rendermene conto la mia mente e il mio cuore incominciarono a paragonare le due culture, quella del

diesen beiden offenbar unvereinbaren Welten, denen ich abwechselnd angehörte und völlig ambivalent gegenüberstand. War ich einerseits begeistert von meiner neapolitanischen Geschichtslehrerin, so ärgerte ich mich andererseits, wenn der apulische Italienischlehrer den Konjunktiv falsch gebrauchte. In solchen Fällen verstand ich die Norditaliener, die für ihre Kinder möglichst lokale Lehrer haben wollten oder sie auf private Internate mit Lehrern aus dem Norden schickten, wenn ihre wirtschaftlichen Möglichkeiten es erlaubten.

Als meine Identität mit der Zeit klarere Züge annahm, lernte ich den Comer See zu verstehen und zu lieben. Der Vater einer meiner Klassenkameradinnen auf dem Gymnasium, Signor Monti, enthüllte mir sein Geheimnis. Luisas Eltern, gebürtige Comer, hatten mich ein wenig adoptiert und zeigten mir ein anderes Gesicht der Welt, in der ich lebte und die ich nicht kannte. «Du musst wissen, Giulia, der See verändert sich ständig; wenn du innehältst und ihn in Ruhe betrachtest, wirst du feststellen, dass er nie sich selbst gleicht. Wenn es regnet, wird er grau, bei einem bestimmten Licht nimmt er eine grüne oder blaue Farbe an, du siehst, dass er tatsächlich so lebendig ist wie du und ich», erklärte mir Signor Monti einmal. Wir waren in Rogaro, einem Ort in der Nähe von Como, wohin sie mich mitgenommen hatten, damit ich eine besonders gute *polenta uncia* probierte. Der Blick auf den See raubte einem den Atem und von da an betrachtete ich ihn mit anderen Augen. Bis dahin hatte ich das Meer mit seiner Lebendigkeit und seinem Überschwang bevorzugt, mit seinen an den Klippen zerschellenden Wellen, die die Luft mit ihrer Gischt und ihrem Geruch erfüllen. Von diesem Moment an schätzte ich hingegen nicht nur die stille Gelassenheit des Sees, sondern auch die Verschwiegenheit und Genügsamkeit seiner Bewohner, die sich der ruhigen, manchmal neblig verschwommenen Atmosphäre des Ortes anpassten.

Ohne mir dessen bewusst zu sein, begannen mein Verstand und mein Herz die beiden Kulturen, die des Südens und die des

sud e quella del nord, imparando a calibrarle nei loro aspetti positivi e negativi. Capii che per esprimere l'affetto a un amico che s'incontrava per strada non bisognava per forza dargli una pacca sulla spalla e accoglierlo con tante cerimonie. O che una processione religiosa poteva essere seguita in silenzio, nell'intimità dei propri sentimenti, e che non doveva diventare necessariamente un'ostentazione di sfarzo e di emozioni. Piano piano mi rendevo conto che i sentimenti hanno una profondità anche se non sono urlati, e imparavo a esprimere le mie emozioni in modo più sommesso, a leggere affetto anche in una stretta di mano, in un semplice sorriso.

Il mio animo si stava trasformando, proprio come succedeva ai quadri di papà. Mi innamorai del mondo del nord e di tutta la sua composta riservatezza, dimenticandone la chiusura, la diffidenza e un certo razzismo che lo avevano caratterizzato ai miei occhi negli anni difficili, e insieme a questo mondo mi innamorai di Francesco.

Fidanzarmi con lui significò optare per un'identità settentrionale. Ero entrata in una vera e propria famiglia del nord e fu come se diventassi anch'io ufficialmente una comasca a tutti gli effetti. Innamoratissima di lui e del suo ambiente, mi iscrissi a un corso di dialetto di Como, determinata a dimenticare le mie origini pugliesi. In Puglia smisi di andarci. Feci di tutto per perdere un aspetto profondo della mia identità per favorirne un altro che mi piaceva di più. Non ero più un corpo estraneo a Como, ero come gli altri e mi sentivo finalmente bene.

Ma tra baci e carezze sempre più audaci, con Francesco scoprii molto di più. Con lui entrai in un mondo culinario dai sapori completamente sconosciuti, fui introdotta alle delizie del nord e nacquero in me nuove predilezioni che ancora mi accompagnano. Le tavole imbandite a casa sua mi svelavano tradizioni ignote,

Nordens, zu vergleichen und ich lernte, sie in ihren positiven und negativen Aspekten gegeneinander abzuwägen. Ich begriff, dass ich einem Freund, den ich auf der Straße traf, nicht unbedingt einen Klaps auf die Schulter geben und ihn großartig begrüßen musste, um meine Zuneigung auszudrücken. Oder dass eine religiöse Prozession stillschweigend verfolgt werden konnte, in der Intimität der eigenen Gefühle, und nicht Prunk und Emotionen zur Schau gestellt werden mussten. Nach und nach wurde mir klar, dass Gefühle auch Tiefe haben, wenn sie nicht hinausgeschrien werden, und ich lernte, meine Emotionen zurückhaltender auszudrücken und auch in einem Händedruck, in einem einfachen Lächeln Zuneigung zu erkennen.

Meine Seele wandelte sich genauso wie die Gemälde von Papa. Ich verliebte mich in die Welt des Nordens mit ihrer ganzen bescheidenen Zurückhaltung, vergaß Verschlossenheit, Misstrauen und einen gewissen Rassismus – Eigenschaften, die sie in meinen Augen in den schwierigen Jahren charakterisiert hatten, und zusammen mit dieser Welt verliebte ich mich in Francesco.

Meine Beziehung mit ihm bedeutete, mich für eine Identität des Nordens zu entscheiden. Ich war in eine echte Familie aus dem Norden eingetreten und es war, als würde ich auch offiziell eine Comerin werden, mit allem, was dazugehörte. Sehr verliebt in ihn und seine Umgebung, belegte ich einen Kurs für Comer Dialekt, entschlossen, meine apulischen Wurzeln zu vergessen. Ich fuhr nicht mehr nach Apulien, tat alles, um einen grundlegenden Teil meines Wesens zu verlieren und einen anderen, der mir besser gefiel, anzunehmen. Ich war in Como kein Fremdkörper mehr, ich war wie die anderen und fühlte mich endlich wohl.

Zwischen den zunehmend kühneren Küssen und Zärtlichkeiten mit Francesco entdeckte ich aber noch viel mehr. Mit ihm betrat ich eine kulinarische Welt mir völlig unbekannter Geschmäcker, wurde in die Genüsse des Nordens eingeführt und entwickelte neue Vorlieben, die mich noch immer begleiten. Der reichlich gedeckte Tisch bei ihm zu Hause enthüllte mir frem-

gusti inediti e seducenti. Fui iniziata a salumi di ogni tipo tra cui figuravano i cacciatorini, i sanguinacci, le mortadelle di fegato, il salame Milano. E naturalmente ai formaggi lombardi che diventarono, e sono tuttora, una mia vera passione. Nel mio mondo di mezzo accanto alla burrata e al cacioricotta pugliese trovarono un posto d'onore il gorgonzola e lo strachitund dell'alta Val Taleggio, la robiola e lo scimudin della Valtellina. Con Francesco imparai a mangiare la polenta taragna e i pizzoccheri della Valtellina nella versione originale e non magistralmente pugliesizzata com'era quella di mamma. In quel periodo fui presa da una vera e propria bulimia da integrazione. Mangiavo bollito con la salsa verde e specialità del lago come i missoltini (« missultitt ») e il lavarello a tutte le ore, affogando nella sensualità del cibo il mio sbandamento di giovane donna. All'improvviso avevo capito di essere stata in parte straniera nella mia terra natale e mi pareva di dover recuperare tutto al più presto.

Ci sarebbero voluti ancora anni per trovare un equilibrio tra i due mondi che mi componevano, per riuscire a vivere pienamente in questa terra di mezzo e per capire che in fin dei conti era preziosamente unica e solo mia. Vivere in un mondo di mezzo oggi lo so, ha fatto di me una persona più ricca, più sfaccettata, e mi ha dato la possibilità di vedere i lati positivi e negativi di entrambe le realtà, facendomi diventare forse più attenta e più aperta.

Oggi? Anche oggi vivo in un mondo di mezzo, diverso e uguale a quello precedente. Sorrido quando in Germania mi apprezzano in quanto italiana e quando invece nei bar di Milano o di Torino con Thomas e Barbara mi prendono per straniera. Forse non sanno che quella mia erre moscia che sembra tedesca mi viene direttamente da mio padre ed è quindi

de Traditionen, nie genossene, verführerische Gaumenfreuden. Ich lernte die verschiedensten Wurstsorten kennen, Landjäger, Blutwürste, Mortadella von der Leber und Mailänder Salami. Und natürlich lombardische Käsesorten, die zu meiner echten Leidenschaft wurden und es immer noch sind. Neben *burrata* und apulischem *cacioricotta* erhielten in meiner Zwischenwelt auch Gorgonzola und *strachitund* aus dem Alta Val Taleggio sowie *robiola* und *scimudin* aus dem Veltlin einen Ehrenplatz. Ich lernte mit Francesco *polenta taragna* und *pizzoccheri* aus dem Veltlin kennen, und zwar in der Originalversion, nicht in der von Mama vorzüglich zubereiteten Variante à la Apulien. In dieser Zeit wurde ich von einer regelrechten Integrationsbulimie ergriffen. Ich aß zu jeder Zeit des Tages Tafelspitz mit grüner Sauce, Spezialitäten des Sees wie *missultitt* (eine Heringsart) und Renke und ertränkte meine jugendliche Orientierungslosigkeit in der sinnlichen Genüsslichkeit der Speisen. Auf einmal hatte ich begriffen, dass ich dort, wo ich geboren war, immer auch eine Fremde gewesen war, und ich glaubte, dies so schnell wie möglich ändern zu müssen.

Es sollte noch Jahre dauern, bis ich zwischen diesen meinen beiden Welten ein Gleichgewicht fand, bis ich in dieser Zwischenwelt heimisch geworden war, und schließlich begriff, dass sie im Grunde genommen kostbar und einzigartig war und nur mir gehörte. Ich weiß heute, dass die Tatsache, in einer Zwischenwelt zu leben, aus mir einen reicheren und vielseitigeren, damit vielleicht auch aufmerksameren und offeneren Menschen gemacht hat und es mir dadurch möglich wurde, die positiven und negativen Seiten beider Welten zu sehen.

Heute? Auch heute lebe ich in einer Zwischenwelt, die anders und zugleich genauso wie die frühere ist. Ich muss immer lächeln, wenn man mich in Deutschland als Italienerin ansieht, hingegen in einer Bar in Mailand oder Turin, wenn Thomas und Barbara dabei sind, für eine Fremde hält. Vielleicht wissen sie nicht, dass mein «weiches R», das ihnen deutsch vorkommt, direkt von meinem Vater stammt und deswegen ausgesprochen

decisamente «terrona». Ma io glielo lascio credere: se è tedesca, per gli italiani del nord va sicuramente meglio.

POLENTA UNCIA DI ROGARO DALLA TRADIZIONE

(Lombardia – Como)

Ingredienti per 4 persone
300 gr. di farina gialla di mais bramata, 200 gr. di farina di grano saraceno, 2 litri abbondanti d'acqua, sale, 250 gr. di formaggio semigrasso tipo latteria, 250 gr. di formaggio grasso tipo Casera o Bitto, 200 gr. di Grana grattugiato, 200 gr. di burro, 7–10 spicchi d'aglio tagliati a metà, salvia

Preparazione
La mamma di Francesco mette l'acqua in un paiolo di rame e la sala aggiungendo un cucchiaio di sale grosso per ogni litro. Quando bolle fa cadere a pioggia la farina setacciata mischiata in precedenza. Raccomanda di mescolare di continuo con il cannello per evitare che si formino i grumi. Per la cottura della polenta ci vuole un'ora circa. Nel frattempo la mamma di Francesco prepara in un piatto i formaggi tagliati a cubetti. Quando la polenta è quasi cotta, soffrigge nel burro gli spicchi d'aglio fino a che diventano dorati e qualche foglia di salvia. Poi toglie il paiolo dal fuoco e versa la polenta a cucchiate in una zuppiera preriscaldata, alternando la polenta ai formaggi e irrorando via via con il grana. Infine conclude con il burro caldo con l'aglio. Serve in tavola la polenta fumante che specialmente nelle stagioni fredde è buona caldissima.

Vino consigliato: Sforzato di Valtellina

terrone ist. Aber ich lasse sie in ihrem Glauben, denn wenn es deutsch ist, dann ist es für die Norditaliener ganz bestimmt besser.

POLENTA UNCIA DI ROGARO AUF TRADITIONELLE ART

(Lombardei – Como)

Zutaten für 4 Personen
300 g grobes Maismehl, 200 g Buchweizenmehl,
gut 2 l Wasser, Salz, 250 g halbfetter Käse
(Kuhmilch), 250 g fetter Käse, *Casera* oder *Bitto*,
200 g geriebener *Grana*, 200 g Butter,
7–10 halbierte Knoblauchzehen, Salbei

Zubereitung
Francescos Mutter gibt Wasser in einen Kupferkessel und pro Liter einen Esslöffel grobes Salz dazu. Wenn es kocht, streut sie das zuvor vermischte und durchgesiebte Mehl hinein. Sie empfiehlt, dabei ständig mit dem *cannello* (spezieller Rührlöffel) umzurühren, damit es keine Klumpen gibt. Die Kochzeit der *polenta* beträgt ca. 1 Stunde. In der Zwischenzeit schneidet Francescos Mutter auf einer Platte den Käse in Würfel. Kurz bevor die *polenta* fertig ist, brät sie in der Butter zusammen mit ein paar Salbeiblättern die Knoblauchzehen goldbraun an. Dann nimmt sie den Kessel vom Feuer, gibt die *polenta* löffelweise und im Wechsel mit den Käsewürfeln in eine vorgewärmte Suppenschüssel und streut immer wieder *grana* darüber. Den Abschluss bildet die warme Butter mit dem Knoblauch. So serviert sie die dampfende *polenta*, die vor allem in den kalten Jahreszeiten heiß wunderbar schmeckt.

Passender Wein: Sforzato di Valtellina

Con il tempo i toni forti del mio profondo desiderio di integrazione si smorzarono. Quando mi iscrissi all'università il lago era ormai parte di me e tra di noi si era instaurata una vera e propria intimità mentre lo percorrevo avanti e indietro su un kayak. Avevo così il privilegio di scoprire con calma, e da un'inedita prospettiva, un luogo diventato tra i più cari al mio cuore. Ed era come se gli appartenessi insieme alle trote, ai salmerini o ai grandi vaporetti e alle barche. I pomeriggi estivi amavo trascorrere qualche ora galleggiando tra le braccia del mio dolce compagno, che in ogni angolo esplorato mi sussurrava storie e segreti. Oppure mi mostrava timido una parte di sé a volte blu o verde cupo, altre celeste o smeraldo, soprattutto quando un raggio di sole ne attraversava la superficie illuminandone le profondità.

Quel giorno di giugno avevo deciso di urlare al mio placido confidente tutta la rabbia, l'insoddisfazione e la pena che mi tormentavano. Tanto lavoro, una laurea con cento dieci e lode, un dottorato di ricerca e poi? Quali prospettive? Nessuna, a meno che non avessi lavorato praticamente senza compenso, me l'aveva detto il professore con cui avevo fatto il dottorato. Il posto all'università che mi era stato più volte promesso si era dileguato. Entrai nella grotta sul lago a prendere il kayak, lo trascinai sullo scivolo e mi infilai nel pozzetto, allungai subito le gambe a prua sforzandomi con rabbia di diventare tutt'uno con la canoa. Con un colpo di reni entrai in acqua. Compii tutti quei movimenti per forza d'inerzia, con la mente ero ancora dal professore che, di fronte al mio sconforto, non aveva saputo dirmi altro che «Si sa, la giustizia non è di questo mondo, deve avere pazienza».

Mit der Zeit schwächte sich die Heftigkeit meines Wunsches nach Integration immer mehr ab. Als ich mich an der Universität einschrieb, war der See bereits ein Teil von mir. Zwischen uns war, während ich ihn im Kajak auf und ab fuhr, eine ganz besondere Vertrautheit entstanden. Ich hatte dadurch das Privileg, in Ruhe und aus ungewohnter Perspektive einen Ort zu entdecken, der zu einem meiner Lieblingsorte geworden war. Als ob ich zu ihm gehörte, wie die Forellen, Saiblinge oder die großen Dampfschiffe und Boote. An Sommernachmittagen genoss ich es, ein paar Stunden in den Armen meines süßen Gefährten dahinzutreiben, der mir in jedem Winkel, den ich erkundete, Geschichten und Geheimnisse zuflüsterte oder mir scheu einen Teil von sich zeigte, manchmal blau oder dunkelgrün, ein andermal himmelblau oder smaragdgrün, vor allem wenn ein Sonnenstrahl die Oberfläche durchbrach und seine Tiefen ausleuchtete.

An einem Tag im Juni hatte ich beschlossen, meinem stillen Vertrauten meine ganze Wut und Unzufriedenheit, meinen Kummer und alles, was mich quälte, entgegenzubrüllen. So viel Arbeit, ein Universitätsabschluss mit Bestnote, eine Promotion und dann? Welche Perspektiven? Keine, es sei denn, ich würde quasi unentgeltlich arbeiten, hatte mein Doktorvater gemeint. Die mir mehrfach versprochene Stelle an der Universität war weg. Ich ging in die Grotte am See, um das Kajak zu holen, zog es auf die Rutsche, schlüpfte in die Öffnung, streckte sogleich die Beine aus und bemühte mich voll Wut, mit dem Kajak eins zu werden. Ein Ruck mit dem Rücken und ich glitt ins Wasser. All diese Bewegungen führte ich ganz mechanisch aus, mit dem Verstand war ich noch bei dem Professor, der meiner Niedergeschlagenheit nicht anders zu begegnen gewusst hatte, als zu sagen: « Man weiß ja, Gerechtigkeit ist nicht von dieser Welt, Sie müssen Geduld haben. »

Presi a pagaiare con tutta l'energia che avevo nella speranza che lo sforzo si portasse via anche il veleno di quell'esperienza, e intanto mi chiedevo: perché il riconoscimento non è legato al valore, al lavoro, all'impegno? E mentre le mie braccia si muovevano ritmicamente con rabbia, il mio pensiero, altrettanto rapidamente e con la stessa rabbia, continuava a torturarsi, tanto che non vidi un ramo d'albero a pelo d'acqua. Avrei dovuto fare attenzione, dopo la pioggia il lago diventa un percorso a ostacoli, un ramo qui, in pezzo di plastica lì. Quel giorno avevo la testa altrove e bastò che la mia pagaiata violenta andasse a scontrarsi col ramo perché perdessi l'equilibrio. Il ritorno alla realtà fu obbligato e immediato. Mi ritrovai nel lago a testa in giù incastrata nel pozzetto e con il kayak sopra di me. Perché non mi tornavano in mente tutti i movimenti che avevo imparato per risolvere un caso come quello? Dovevo solo usare la pagaia come leva per raddrizzarmi subito. Avevo partecipato alle simulazioni mille volte, mi ero esercitata a mantenere il controllo, a portare le braccia da uno stesso lato fuori dall'acqua e con un colpo secco di pagaia a rivoltarmi e finalmente respirare. Ma in quel momento i miei occhi spalancati vedevano un mondo sfuocato dove ogni azione era lenta e pesante e le mie braccia riuscivano solo a muovere il remo in maniera scoordinata. Quei pochi secondi, che mi sembrarono un tempo interminabile, furono interrotti da due colpi sullo scafo: all'improvviso vidi una pala avvicinarsi alle mie mani. Qualcuno mi era venuto in soccorso. La afferrai decisa e riemersi: l'aria tutta insieme mi rientrò con forza nei polmoni quasi a farli scoppiare.

Ero salva, e a salvarmi era stato Thomas. Per farmi riprendere mi invitò a bere qualcosa sulla passeggiata di Villa Olmo, era tedesco ma parlava bene l'italiano, veniva in Italia a trascorrere le sue vacanze fin da bambino.

Mit aller Kraft paddelte ich los, in der Hoffnung, die Anstrengung würde das Gift dieser Erfahrung vertreiben, und ich fragte mich, warum Anerkennung nicht an Wert, Arbeit, an Engagement gebunden ist? Und während sich meine Arme im Rhythmus des Zorns bewegten, quälten sich meine Gedanken ebenso schnell und mit derselben Wut weiter, sodass ich den Ast auf der Wasseroberfläche übersah. Ich hätte aufpassen müssen, denn nach Regengüssen wird der See zum Hindernislauf, ein Ast hier, ein Stück Plastik dort. An diesem Tag hatte ich meinen Kopf woanders, ich stieß bei meinem heftigen Paddeln gegen den Ast und das genügte, um das Gleichgewicht zu verlieren. Die Rückkehr in die Realität geschah zwangsläufig und unvermittelt. Ich fand mich kopfunter im See wieder, eingeklemmt in der Öffnung des Kajaks über mir. Warum fielen mir die ganzen Bewegungen nicht mehr ein, die ich gelernt hatte, um in einem solchen Fall klarzukommen? Ich brauchte nur das Paddel als Hebel zu benutzen, um mich sofort wieder aufzurichten. Tausendmal hatte ich an den Simulationen teilgenommen, hatte trainiert, die Kontrolle zu bewahren, die Arme auf einer Seite aus dem Wasser zu halten und mich mit einem Paddelschlag in der Luft zu drehen und schließlich zu atmen. Aber in diesem Augenblick sahen meine weit aufgerissenen Augen nur eine verschwommene Welt, in der jede Bewegung langsam und schwerfällig war und meine Arme es nicht schafften, das Paddel koordiniert zu bewegen. Diese wenigen, mir endlos erscheinenden Sekunden wurden von zwei Schlägen auf das Boot unterbrochen. Plötzlich sah ich ein Ruderblatt sich meinen Händen nähern. Jemand war mir zu Hilfe gekommen. Entschlossen griff ich danach und tauchte wieder auf. Mit aller Kraft drang die ganze Luft auf einmal in meine Lungen, als wollte sie sie zum Platzen bringen.

Ich war gerettet und gerettet hatte mich Thomas. Damit ich wieder zu mir käme, lud er mich ein, auf dem Weg zur Villa Olmo etwas zu trinken. Er war Deutscher, sprach aber gut Italienisch, von klein auf verbrachte er seine Ferien in Italien. Er

Mi sembrò subito un angelo un po' per il ruolo che aveva avuto nel mio salvataggio, un po' per quei suoi capelli biondi, lunghi e ribelli, per quei suoi occhi blu e quel suo sorriso lucente. Davanti a un cappuccino parlammo della mia confusione e della mia rabbia, e lui mi raccontò che veniva da Monaco di Baviera, che era in vacanza e ci sarebbe rimasto per altre tre settimane. Il movimento delle sue labbra morbide e sensuali mi distraeva dalle parole, il suo sguardo mi bruciava sul corpo, ero incredula.

I giorni a seguire ci avvicinarono, la sua presenza diventava sempre più naturale al mio fianco, il mio umore migliorava, le mie angosce si diradavano, uscivano dal fuoco della mia attenzione. Tutto si verificava senza nessuna fatica. Gli feci da cicerone, gli mostrai Como e il lago, gli feci provare i piatti tipici della zona e facemmo un giro in idrovolante mano nella mano perché all'improvviso fui colta dalla paura. La confidenza tra noi era nata subito e profonda, quando parlavamo insieme mi allontanavo dai miei brutti pensieri la cui memoria diventava sempre più fragile. Giorno dopo giorno mi resi conto che stava succedendo qualcos'altro di inaspettato e liberatorio. Per lui nord e sud erano semplicemente Italia, non vedeva differenze tra l'uno e l'altro, e così, guardando me stessa attraverso gli occhi della persona di cui mi ero innamorata, mi sentii, per la prima volta nella mia vita, meravigliosamente e semplicemente italiana. Il tempo volò come una nuvola spazzata via da una folata di vento e arrivò il momento dell'addio.

Quel giorno ero triste, avevo deciso di invitarlo a cena da me. Doveva essere un menu indimenticabile a rendere me ultraindimenticabile. Sapevo dove andare a far la spesa. Naturalmente al mercato coperto dal mio caro Saverio che dal suo banchetto «Tutta Puglia» dopo trentacinque anni non si era ancora stancato di urlare, «Tutto dalla Puglia, la regione più bella del

kam mir gleich wie ein Engel vor, ein wenig wegen der Rolle, die er bei meiner Rettung gespielt hatte, ein wenig wegen seiner blonden, langen und widerspenstigen Haare, wegen dieser blauen Augen und seines strahlenden Lächelns. Bei einem Cappuccino sprachen wir über meine Aufgewühltheit und meinen Zorn und er erzählte mir, dass er aus München komme, Urlaub habe und noch drei Wochen bleiben werde. Seine weichen, sinnlichen Lippen lenkten mich von den Worten ab, sein Blick brannte auf meinem Körper, ich konnte es nicht glauben.

In den folgenden Tagen kamen wir uns näher, ihn an meiner Seite zu haben wurde immer selbstverständlicher, meine Laune besserte sich, meine Ängste wurden weniger und verschwanden aus dem Zentrum meiner Aufmerksamkeit. Alles geschah mühelos. Ich spielte für ihn die Fremdenführerin, zeigte ihm Como und den See, ließ ihn die typischen Gerichte aus der Gegend probieren und wir drehten eine Runde mit dem Wasserflugzeug, Hand in Hand, denn plötzlich hatte ich Angst. Wir hatten sofort tiefes Vertrauen zueinander gefasst, und wenn wir uns unterhielten, rückten meine negativen Gedanken in weite Ferne, die Erinnerung daran wurde zunehmend schwächer. Tag für Tag geschah etwas Unerwartetes und Befreiendes. Für Thomas waren Norden und Süden einfach Italien, er sah keinen Unterschied zwischen dem einen und dem anderen, und so fühlte ich mich, indem ich mich selbst durch die Augen des Menschen sah, in den ich mich verliebt hatte, zum ersten Mal in meinem Leben auf wunderbare Weise einfach nur als Italienerin. Die Zeit verflog wie eine von einer Windbö weggefegte Wolke und es kam der Augenblick des Abschieds.

An diesem Tag war ich sehr traurig. Ich hatte beschlossen, Thomas zum Abendessen zu mir einzuladen, und um mich megaunvergesslich zu machen, musste es ein unvergessliches Menü geben. Ich wusste, wohin ich zum Einkaufen gehen würde. Natürlich auf den überdachten Markt zu meinem geliebten Saverio, der nach fünfunddreißig Jahren noch immer nicht müde geworden war, von seinem Stand «Ganz Apulien» aus

mondo ! ». Certo era invecchiato, era incanutito e camminava un po' sbilenco per un problema all'anca. E anch'io, certo, non ero più la stessa di quando mi aveva vista la prima volta, ma ugualmente quando mi vedeva tra la gente davanti al suo banco esclamava, come se fossi una prelibatezza da vendere, « Ecco la bambina del pecorino ! ». E raccontava a tutti che tanti anni prima mentre una bella signora con gli occhi verdi e i capelli rossi guardava incantata la sua merce, una bambina quatta quatta si era mangiata un'intera fetta di pecorino ! Nel mio ricordo le cose non erano andate proprio così, ma Saverio aveva ragione, con questa variazione la storia era più divertente. « Che bella la tua mamma, la inviterei volentieri a cena ! » mi sussurrò all'orecchio chinandosi. « Save' fai il bravo ! » risposi io ridendo e imitando la cadenza pugliese. « Cosa c'è oggi di buonissimo? Ho un ospite speciale e voglio farlo innamorare di me ! ».

« Addeisch e nud ! Perché non bastano i tuoi bellissimi occhi ? » rispose galante e aggiunse « A proposito, non vorresti venire tu a cena con me ? ». Dovetti ridere un'altra volta, era sempre un piacere andare da Saverio, lui e i suoi prodotti erano un raggio di sole di Puglia nella seriosa Lombardia. Cominciò una sparatoria di offerte e suggerimenti. Insomma, tra « La burrata è freschissima, con questa lo metti k. o. », « Il pecorino piccante è afrodisiaco », « Non vuoi fargli assaggiare il tuo formaggio preferito ? », « I pomodori sott'olio sono speciali, li ha fatti mia cugina ! » e « Prendi queste fave sono sublimi ! ». Alla fine lasciai il banco carica come un mulo di specialità pugliesi. Mi fermai naturalmente anche dal macellaio che mi diede una profumatissima Bresaola della Valtellina e, sentendo che l'avrei servita come antipasto con un po' di olio di oliva extravergine pugliese, si raccomandò che la tagliassi

«Alles aus Apulien, der schönsten Gegend der Welt!» zu rufen. Gewiss, er war älter geworden, war ergraut und ging wegen eines Hüftproblems ein wenig schief. Natürlich war auch ich, seit er mich das erste Mal gesehen hatte, nicht mehr dieselbe, doch als er mich zwischen den Leuten vor seinem Stand erblickte, rief er wie damals: «Ah, das kleine *Pecorino*-Mädchen!», als sei ich eine anzupreisende Köstlichkeit, und dann erzählte er allen, dass vor vielen Jahren einmal, während eine schöne Signora mit grünen Augen und roten Haaren begeistert seine Ware betrachtete, ein kleines Mädchen klammheimlich eine ganze Scheibe *pecorino* verzehrt hatte! Ganz so war es meiner Erinnerung nach nicht gewesen, aber Saverio hatte schon recht, in dieser Variante klang die Geschichte amüsanter. Er beugte sich vor und flüsterte mir ins Ohr: «Wie schön deine Mama ist, ich würde sie gerne mal zum Abendessen einladen!» «Reiß dich zusammen, Save'!», entgegnete ich lachend, den apulischen Tonfall imitierend. «Was gibt es heute Feines? Ich habe einen besonderen Gast und möchte, dass er sich in mich verliebt!»

«Sapperlot! Warum reichen deine wunderschönen Augen nicht?», antwortet er galant und fügt hinzu: «Apropos, möchtest du nicht mit *mir* essen gehen?» Ich musste wieder lachen, es war immer eine Freude, bei Saverio einzukaufen, er und seine Produkte waren ein Sonnenstrahl aus Apulien in der ernsthaften Lombardei. Ein Bombardement von Angeboten und Vorschlägen ging los: «Die *burrata* ist ganz frisch, damit machst du ihn k.o.!», «Der würzige *pecorino* ist ein Aphrodisiakum», «Willst du ihn nicht deinen Lieblingskäse kosten lassen?», «Die in Öl eingelegten Tomaten sind etwas Besonderes, die hat meine Cousine gemacht!» und «Nimm diese Ackerbohnen, die sind hervorragend!» Am Ende verließ ich den Stand wie ein mit apulischen Spezialitäten beladener Esel. Ich blieb natürlich auch beim Metzger stehen, der mir ein duftendes Stück *bresaola* aus dem Veltlin gab, und nachdem er gehört hatte, dass ich es als Antipasto mit etwas *olio extravergine* aus Apulien servieren wollte, empfahl er, es ganz fein zu schneiden. «Es muss auf

sottilissima, « si deve sciogliere in bocca » disse. Forse avevo esagerato con gli acquisti, ma quello che sarebbe rimasto lo avrei usato per fare dei panini a Thomas per il viaggio, in nome del principio materno e ora anche mio che quelli fatti in casa sono sempre più buoni.

La sera dell'addio oltre al carpaccio di bresaola, di primo feci un fantastico risotto alla milanese da abbinare a un Franciacorta. Preparai i formaggi e le verdure sott'olio su un piatto da portata e infine decisi di sorprenderlo con un dolce particolare, la scarcella di nonna Alda ripiena di marmellata e di pasta di mandorle con una variazione: le diedi la forma di un kayak.

Thomas arrivò dietro un gran mazzo di rose rosse. Ero impreparata e commossa, ci abbracciammo.

A tavola, via via che si succedevano i piatti in un minuetto di sapori, mi diventò tutto chiaro. Senza essermene accorta ormai sapevo cucinare un po' di tutto, le specialità pugliesi di mia madre, ma anche quelle della tradizione lombarda che avevo imparato a fare dalle mamme degli amici. Quella sera, nel corso della cena, mi resi conto che imbandendo la tavola avevo fatto sfilare in un rigoglioso corteo tutto il mio mondo di mezzo e che la persona a cui volevo mostrarlo e con cui volevo condividerlo era Thomas. Era lo stesso mondo di mezzo che a volte mi aveva creato problemi, diventato ora semplicemente un mondo di apertura, tolleranza, conoscenza e amore per entrambe le tradizioni a cui appartenevo. Cosa è in fondo l'Italia se non tutto questo, sud e nord insieme, la loro gente, i loro usi e le loro abitudini?

Quando lo spiegai a Thomas mentre faceva il bis del risotto mi disse « Non credi che sia arrivato il momento di conoscere un mondo nuovo? Perché non vieni con me a Monaco? ». Mi fermai un attimo a pensare. Non era forse quella la domanda che senti-

der Zunge zergehen», meinte er. Vielleicht hatte ich mit meinen Einkäufen übertrieben, aber mit dem, was übrig blieb, würde ich für Thomas *panini* für die Reise machen, gemäß mütterlicher und inzwischen auch meiner Devise, dass zu Hause Zubereitetes immer besser ist.

Am Abschiedsabend bereitete ich außer *bresaola-carpaccio* als Vorspeise einen wunderbaren *risotto alla milanese*, dazu passte ein Franciacorta. Den Käse und das in Öl eingelegte Gemüse richtete ich auf einer Platte an und zum Abschluss wollte ich ihn mit einem besonderen Nachtisch überraschen, mit *scarcella* von Großmutter Alda, gefüllt mit Marmelade und Mandelcreme, und zwar in einer speziellen Variante: in Form eines Kajaks.

Thomas erschien hinter einem großen Strauß roter Rosen. Ich war überrascht und gerührt, wir umarmten uns.

Während bei Tisch, in einem Menuett von Geschmäckern, nach und nach ein Gericht dem anderen folgte, wurde mir klar: Ohne dass es mir aufgefallen war, konnte ich inzwischen so gut wie alles kochen, die apulischen Spezialitäten meiner Mutter, aber auch die der lombardischen Tradition, deren Zubereitung ich bei den Müttern meiner Freunde gelernt hatte. Während des Essens an diesem Abend wurde mir bewusst, dass ich meine ganze Zwischenwelt auf dem aufwendig gedeckten Tisch in einem üppigen Zug hatte vorbeiziehen lassen und dass der Mensch, dem ich sie zeigen und mit dem ich sie teilen wollte, Thomas war. Es war dieselbe Zwischenwelt, die mir manchmal Probleme bereitet hatte, die jetzt einfach eine Welt der Offenheit, der Toleranz, der Einsicht und der Liebe zu den beiden Traditionen, denen ich angehörte, geworden war. Was ist im Grunde Italien, wenn nicht all das, Norden *und* Süden, beider Menschen, beider Bräuche, beider Gewohnheiten?

Als ich es Thomas, während er ein zweites Mal vom Risotto nahm, erklärte, meinte er: «Denkst du nicht, dass der Moment gekommen ist, eine neue Welt kennenzulernen? Warum kommst du nicht mit mir nach München?» Ich hielt einen Augenblick inne und überlegte. War das nicht die Frage, die ich

mentalmente aspettavo? Mi venne un tuffo al cuore. Era venuto davvero il momento di salutare l'Italia? Sarei stata pronta a entrare in un nuovo mondo di mezzo? Ma a questi dubbi faceva da contrappeso la forte attrazione che provavo per Thomas. Gli accarezzai dolcemente il viso con gli occhi lucidi. «Ci penso» gli dissi, ma dentro di me la decisione era presa. Pochi mesi dopo il mio destino di donna foglia mi portò a Monaco da lui e nel giro di un paio di mesi avevo un posto all'università.

Quando ci ripenso ancora mi sorprendo: senza saperlo mi ero dimostrata subito pronta a cogliere una nuova avventura dell'identità, ma ora con me c'era Thomas. Mi aveva salvata una seconda volta.

RISOTTO ALLO ZAFFERANO LIGHT A MODO MIO

(Como – Lombardia)

Ingredienti per 4 persone
300 gr. di riso, 1 scalogno, 1/2 bicchiere di vino bianco, 1 bustina di zafferano, 1 l brodo vegetale, sale e pepe

Preparazione
Molte ricette lombarde sono buonissime ma per me troppo caloriche. Quindi mi sono specializzata nelle loro versioni light. Per esempio il risotto allo zafferano è uno dei miei preferiti e lo cucino spesso. Lo alleggerisco eliminando il soffritto, e la mantecatura finale con il burro.

Uso più volentieri lo scalogno della cipolla, perché è più delicato, lo trito e lo faccio appassire in una pentola con poca acqua. Verso nella pentola il riso e lo

innerlich erwartete? Mein Herz machte einen Satz. War wirklich der Moment gekommen, sich von Italien zu verabschieden? Wäre ich bereit, in eine neue Zwischenwelt einzutreten? Doch diesen Zweifeln stand entgegen, dass ich mich stark zu Thomas hingezogen fühlte. Zärtlich streichelte ich das Gesicht mit den strahlenden Augen. «Ich überlege es mir», sagte ich, aber in meinem Innersten hatte ich die Entscheidung bereits getroffen. Wenige Monate später trug mich das Schicksal der Blätterfrau zu ihm nach München und noch ein paar Monate später hatte ich eine Stelle an der Universität.

Wenn ich noch einmal darüber nachdenke, bin ich überrascht. Ohne mir je darüber Gedanken gemacht zu haben, war ich sofort bereit, mich auf ein neues Identitätsabenteuer einzulassen. Aber jetzt war Thomas an meiner Seite. Er hatte mich ein zweites Mal gerettet.

SAFRANRISOTTO LIGHT AUF MEINE ART

(Como – Lombardei)

Zutaten für 4 Personen
300 g Reis, 1 Schalotte, ½ Glas Weißwein,
1 Tütchen Safran, 1 l Gemüsebrühe, Salz und Pfeffer

Zubereitung
Viele lombardische Rezepte sind sehr gut, für mich aber zu kalorienreich. Also habe ich mich auf ihre Light-Versionen spezialisiert. Der Safranrisotto zum Beispiel ist eine meiner Lieblingsspeisen, die ich oft koche. Ich mache ihn leichter, indem ich nichts in Öl anbrate und am Ende den Stich Butter weglasse.

Ich hacke die Schalotte, die ich der Zwiebel vorziehe, weil sie viel zarter ist, klein und lasse sie in einem Topf mit wenig Wasser dünsten. Dann gebe ich den Reis dazu und brate

faccio tostare insieme allo scalogno, aggiungo il vino e faccio evaporare. Sciolgo lo zafferano a parte in un po' di brodo vegetale caldo e, quando il vino è evaporato del tutto, bagno con questo il riso. Porto a cottura lentamente aggiungendo il brodo quando necessario (occorreranno circa 12 minuti) e alla fine, quando la ricetta classica prevederebbe la mantecatura con burro e grana grattugiato, io lo insaporisco semplicemente con dell'olio crudo e del pepe grattugiato e servo.

Vino consigliato: Rosso di San Colombano al Lambro

ihn mit der Schalotte an, füge den Wein hinzu und lasse ihn einkochen. Ich löse den Safran separat in etwas warmer Gemüsebrühe auf und übergieße, sobald der Wein völlig eingekocht ist, damit den Reis. Ich lasse ihn langsam köcheln und gebe, wann immer es notwendig ist (es wird ca. 12 Minuten dauern), Brühe dazu. Am Ende, wenn das klassische Rezept den Stich Butter und geriebenen Parmesan vorsieht, gebe ich nur einen Schuss frisches Öl und gemahlenen Pfeffer darüber.

Passender Wein: Rosso di San Colombano al Lambro

« Mamma, mamma, si vede il mare! ». La bambina con la coda di cavallo che batte sul vetro con l'indice e si rivolge alla mamma nello scompartimento mi riporta al presente. E sì, si vede proprio il mare, mi sento prendere da un entusiasmo enorme che riecheggia quello che avevo da bambina quando il treno iniziava a percorrere il tratto lungo l'Adriatico. Rivedere il mare mi emoziona ogni volta, e anche ora come sempre lo saluto e ne ricevo un'onda di risposta.

All'altezza dell'Abruzzo cominciano a spuntare i trabucchi che costellano il basso adriatico fino al Gargano. Sono delle specie di piattaforme fatte di pali di legno costruite nel passato dai pescatori. Da esse partono dei lunghi bracci sospesi, sorta di antenne da cui venivano gettate in mare le reti per catturare i pesci. Ai nostri giorni quelli rimasti hanno un non so che di inquietante, sono come fantasmi o carcasse di giganti marini immobilizzati da un sortilegio in attesa di sirene e nereidi, le uniche capaci di liberarli.

Il mio grande amore per il mare lo ha ereditato in pieno Barbara e quando arriviamo in Puglia mi segue nelle mie spedizioni di esplorazione marina trasformandosi in una vera e propria sirenetta. Quindi fin da piccola viene a pescare i polpi in barca con zio Vito. Innanzitutto il giorno prima di uscire in mare quando fa buio con le nostre scarpette antiscivolo e la torcia andiamo in spedizione sugli scogli a raccogliere i granchietti che faranno da esca. Queste uscite notturne per Barbara non sono state solo avventurose ma anche istruttive, perché ha imparato a non sottovalutare le piccole creature del mare e a conoscerne i pericoli.

La prima uscita la facemmo quando aveva circa sei

KLEINE SIRENE

« Mama, Mama, man kann das Meer sehen ! » Das kleine Mädchen mit dem Pferdeschwanz, das mit dem Zeigefinger an die Fensterscheibe klopft und sich seiner Mutter im Abteil zuwendet, holt mich in die Gegenwart zurück. Ja genau, man sieht tatsächlich das Meer, große Begeisterung steigt in mir auf, ein Echo dessen, was ich als Kind empfunden hatte, wenn der Zug die Strecke entlang der Adria erreichte. Das Meer wiederzusehen, erregt mich jedes Mal und auch jetzt begrüße ich es wie immer und erhalte eine Welle als Antwort.

Auf Höhe der Abruzzen tauchen die an der südlichen Adria bis zum Gargano verstreuten *trabucchi* auf. Eine in der Vergangenheit von Fischern errichtete Art von Plattformen aus Holzpfählen, mit langen, schwebenden Armen wie Antennen, von denen die Netze zum Fischfang ausgeworfen wurden. Heutzutage haben diese Reste irgendwie etwas Beunruhigendes an sich, sie gleichen Gespenstern oder Gerippen von riesigen, durch Zauberhand zur Unbeweglichkeit verdammten Seeleuten, die auf Sirenen und Nereiden warten, die Einzigen, die sie befreien können.

Barbara hat meine große Liebe zum Meer zu hundert Prozent geerbt, und wenn wir in Apulien sind, begleitet sie mich, wenn ich die Jagdgründe des Meeres erforsche, und verwandelt sich in eine richtige kleine Sirene. Von klein auf fährt sie mit Onkel Vito im Boot zum Krakenfang. Natürlich gehen wir am Tag bevor wir aufs Meer hinausfahren, wenn es dunkel wird, mit unseren rutschfesten Sandalen und der Taschenlampe zu den Klippen, um Krebse als Köder zu sammeln. Diese nächtlichen Ausflüge waren für Barbara nicht nur ein Abenteuer, sondern auch lehrreich. Sie hat dabei gelernt, die kleinen Kreaturen des Meeres nicht zu unterschätzen und die Gefahren zu erkennen.

Den ersten Ausflug unternahmen wir, als sie etwa sechs Jah-

anni e lì capì, purtroppo a sue spese, che se si vuole acchiappare un granchietto che corre su uno scoglio non va mai afferrato dalla parte anteriore. Si beccò un pizzicotto che ancora oggi si ricorda e di conseguenza anche un sacco di coccole di consolazione da me e da zio Vito. Capì in quell'occasione che il granchietto va preso da dietro con il pollice e l'indice in modo che le dita non siano a portata di chele.

Di solito partiamo la mattina verso le cinque, quando il mare è una tavola rossa di alba: si prende la barca e si va. Una volta al largo si usa il granchietto come esca e si getta la lenza, mentre la barca si lascia pigramente trasportare dalla corrente. Quando un polpo abbocca è sempre una gioia, Barbara ormai è bravissima, non appena sente un peso sulla lenza la tira lentamente a sé e con un retino che manovra come un esperto pescatore, cattura il polpo. Forse in lei c'è qualche gene di nonno Leo, ma il mio orgoglio di mamma non può fare a meno di pensare che abbia preso questo talento da me.

Quando io e lei facciamo queste escursioni Thomas se la prende comoda. Si sveglia più tardi, va a fare colazione al bar sotto casa godendosi cappuccino e cornetto alla crema, scambia due battute con Ignazio, il simpatico cameriere. Poi risale e si mette in terrazza a prendere il sole con un buffo cappello di paglia a tesa larga, incremato da capo a piedi con protezione cinquanta. E sì anche il marito dei miei sogni ha qualche piccolo difetto. Thomas non viene mai con noi, soffre il mal di mare e soprattutto è rimasto scioccato dalla crudeltà della procedura con cui si uccide il polpo, fatto che ebbe il piacere, o piuttosto il dispiacere, di osservare una volta quando venne a pesca con zio Vito. Quel giorno stette male di stomaco e in seguito non poté più mangiare polpi per un bel po'.

Effettivamente quella del polpo non è una bella mor-

re alt war, und da erfuhr sie, leider am eigenen Leib, dass, wer einen über eine Klippe laufenden Krebs fangen will, ihn nie von vorne packen darf. Sie wurde ordentlich gezwickt, woran sie sich noch heute erinnert, bekam anschließend aber auch eine Menge tröstender Liebkosungen von mir und Onkel Vito. Bei der Gelegenheit lernte sie, dass man den Krebs mit Daumen und Zeigefinger von hinten greifen muss, damit die Finger sich nicht in Reichweite der Scheren befinden.

Gewöhnlich brechen wir in der Frühe gegen fünf Uhr auf, wenn das Meer wie eine wunderschöne rote Tafel in der Morgendämmerung daliegt: rein ins Boot und los geht's! Ist das offene Meer erreicht, wirft man die Angelschnur mit dem Krebs als Köder aus, während das Boot träge in der Strömung dahintreibt. Beißt ein Krake an, ist die Freude groß. Barbara macht das inzwischen sehr gekonnt, kaum spürt sie Gewicht an der Angelschnur, zieht sie sie langsam zu sich heran und fängt wie ein erfahrener Fischer den Kraken mit einem kleinen Netz. Vielleicht hat sie ein paar Gene von Großvater Leo, doch mein Mutterstolz lässt mich einfach glauben, dass sie dieses Talent von mir hat.

Wenn ich mit ihr diese Ausflüge unternehme, macht Thomas es sich gemütlich. Er steht später auf, geht in die Bar unten im Haus frühstücken, genießt den Cappuccino und das mit Creme gefüllte Croissant und wechselt scherzend ein paar Worte mit Ignazio, dem sympathischen Kellner. Dann geht er wieder nach oben auf die Terrasse, um sich mit einem komischen, breitkrempigen Strohhut, Sonnenbrille und von Kopf bis Fuß mit Creme der Sorte Lichtschutzfaktor fünfzig eingeschmiert zu sonnen. Nun ja, selbst der Ehemann meiner Träume hat ein paar kleine Macken. Thomas begleitet uns nie, er wird seekrank, und außerdem war er schockiert von der grausamen Methode, mit der der Krake getötet wird. Er hatte das Vergnügen oder besser das Missvergnügen, es zu beobachten, als er einmal mit Onkel Vito zum Fischfang ging. Den ganzen Tag über war ihm schlecht und er konnte danach eine ganze Weile keine Kraken mehr essen.

Tatsächlich erfährt der Krake keinen angenehmen Tod.

te. Dopo averlo pescato lo diamo a zio Vito, perché né io né tantomeno Barbara abbiamo il coraggio di ucciderlo e quando viene il momento ci giriamo vigliaccamente dall'altra parte. Zio Vito, arrivati a terra sbatte il polpo più volte su uno scoglio. « È per farlo diventare tenero » spiegò la prima volta a Barbara che, a quel punto, lo guardava come se fosse un assassino. Ma dopo le prime uscite ha preso la cosa come un fatto naturale.

Per Thomas invece tutto questo è una vera crudeltà e quando ci vede staccare un tentacolo e ficcarcelo in bocca ancora crudo, chiude gli occhi dicendo in tono scoraggiato « *Wahnsinn! Ihr seid Barbarinnen* » (« Pazzesco, siete barbare! ».) Noi ridiamo, lei si stringe a me e con la bocca mezza piena mi dice « Mamma, io sono una Barbara e tu sei un'altra barbara, insieme facciamo due Barbare! ». Io le scompiglio i capelli e la sbaciucchio.

Fortunatamente i ricci di mare invece a Thomas piacciono. Mamma, Barbara e io li andiamo a « fare » tutte e tre insieme e la cosa ogni anno mi commuove per il senso di continuità tra una generazione e l'altra che contiene. In Puglia si dice proprio così, « fare i ricci di mare », forse perché pescare non sarebbe il termine appropriato, ma neanche raccogliere o cacciare. Con coltello, pinne, maschera mi immergo per staccare i ricci dalle rocce del fondale, mentre Barbara e mamma mi aspettano in superficie con i sacchettini a rete per tenerli. Anche per questa operazione bisogna sapere qualcosa di importante che mamma spiegò e me fin da piccola e che ora spiega a Barbara. Ci sono diversi tipi di ricci, di cui solo alcuni commestibili e in Puglia la tradizione popolare insiste a chiamarli « femmine ». Si riconoscono perché hanno il corpo più pieno (forse metafora della meravigliosa donna del Sud), gli aculei più corti e un colore bruno, rossiccio o violaceo. Manipolare i ricci senza farsi male è un'impresa; gli aculei sono molto sottili e se

Nachdem wir ihn gefischt haben, geben wir ihn Onkel Vito, da weder ich und noch weniger Barbara den Mut hat, ihn zu töten, und wenn der Augenblick kommt, drehen wir uns feige weg. Denn sobald wir an Land sind, schlägt Onkel Vito den Kraken mehrmals gegen eine Klippe. «Damit er weich wird», erklärte er Barbara beim ersten Mal, die ihn ansah, als wäre er ein Mörder. Nach den ersten Ausflügen nahm sie es jedoch als natürliches Geschehen hin.

Für Thomas hingegen ist es eine echte Grausamkeit und wenn er uns einen Fangarm ausreißen und noch roh in den Mund stecken sieht, macht er die Augen zu und sagt deprimiert: «Wahnsinn! Ihr seid Barbarinnen!» Wir lachen, Barbara drückt sich an mich und mit halbvollem Mund meint sie: «Mama, ich bin eine Barbara und du bist eine Barbarin, zusammen sind wir zwei Barbarinnen!» Ich wuschele in ihrem Haar und küsse sie ab.

Glücklicherweise mag Thomas Seeigel. Mama, Barbara und ich gehen zu dritt los, um sie zu «machen», was mich jedes Jahr von Neuem bewegt, weil hier etwas von einer Generation an die nächste weitergegeben wird. In Apulien sagt man tatsächlich «Seeigel machen», vielleicht, weil weder fischen noch sammeln, noch jagen der passende Ausdruck wäre. Mit Messer, Flossen und Maske tauche ich hinunter, um die Seeigel von den Felsen in der Tiefe zu lösen, während Barbara und Mama an der Oberfläche mit kleinen Netzsäckchen auf mich warten, um sie dort zu verwahren. Dabei gibt es etwas zu beachten, was Mama mir schon erklärte, als ich noch klein war, und was sie jetzt Barbara erklärt. Es gibt verschiedene Arten von Seeigeln, von denen nur manche essbar sind, und die apulische Volkstradition besteht darauf, sie «Weibchen» zu nennen. Man erkennt sie an ihrem fülligeren Körper (vielleicht eine Metapher für die wunderbare Frau des Südens), den kürzeren Stacheln und einer braunen, rötlichen oder violetten Farbe. Mit Seeigeln umzugehen, ohne sich wehzutun, ist ein eigenes Unterfangen; die Stacheln sind sehr fein, und wenn sie abbrechen und

si spezzano sottopelle è un problema tirarli fuori. Una volta se ne occupava nonno Leo con le sue grandi mani callose che li afferrava rimanendo incolume mentre io assistevo ipnotizzata. Ora che lui non c'è più, a riva li apriamo io e mamma, li sciacquiamo bene in acqua di mare. Una volta ripuliti i ricci rivelano dei raggi di sole arancioni che sembrano coralli e che sono deliziosi così come sono o con un po' di limone.

A Barbara piace tutto quello che viene dal mare e io quando la vedo così carina, con i capelli bagnati davanti al viso e gli occhi azzurri che brillano mentre entra e esce dall'acqua, che si tuffa e raccoglie conchiglie, mi chiedo se anche lei abbia un suo mondo di mezzo. Se così è forse è più grande del mio perché ci stanno dentro la Puglia, Como oltre Monaco e Garmisch, dove vivono i miei suoceri. Lei prende qualcosa da tutti questi mondi, d'inverno va a sciare con i nonni tedeschi, d'estate al mare con i miei genitori o con me e Thomas, spesso il fine settimana lo passiamo a Como dove mio padre la porta con sé a dipingere, cosa che con me non ha mai fatto. Quest'anno ci siamo comperate due Dirndl uguali, era così felice e volteggiava davanti allo specchio. Barbara mostra già una predilezione per la cucina fin da quando era più piccola. Adora aiutare mia madre quando le prepara la pasta della fortuna, aiuta me quando faccio la polenta e la nonna tedesca a fare lo strudel.

Di quanti racconti, esperienze, mentalità e tradizioni ha fatto e farà tesoro in futuro? Di quanti sapori, profumi, prodotti conoscerà i segreti per sedurre chiunque! Sono contenta perché penso che questa mia piccolina vivace e intelligente diventerà la felice depositaria di un mondo non solo culinario, variegato e composito, fatto di gusti differenti, di approcci alla vita dissimili, ma sicuramente aperto ad accogliere nuove idee e nuove ricette.

unter die Haut geraten, ist es schwierig, sie herauszuziehen. Früher kümmerte Großvater Leo sich um die Seeigel, mit seinen großen, schwieligen Händen packte er sie, ohne sich wehzutun, während ich ihm wie hypnotisiert half. Jetzt, da er nicht mehr ist, öffnen Mama und ich sie am Strand und spülen sie im Meerwasser gut ab. Sind die Seeigel gereinigt, offenbaren sie dunkelorange Sonnenstrahlen wie Korallen und schmecken köstlich, einfach so oder mit ein bisschen Zitrone.

Barbara schmeckt alles, was das Meer bereithält, und wenn ich sehe, wie sie so reizend, mit den nassen Haaren im Gesicht und den strahlenden blauen Augen, ins Wasser geht, untertaucht und Muscheln sammelt und wieder rauskommt, frage ich mich, ob wohl auch sie ihre Zwischenwelt hat. Wenn es so ist, ist sie vielleicht größer als meine, weil sie Apulien, Como und darüber hinaus München und Garmisch, wo meine Schwiegereltern leben, enthält. Sie nimmt etwas aus all diesen Welten mit, im Winter geht sie mit den deutschen Großeltern zum Skifahren, im Sommer ist sie mit meinen Eltern oder mit Thomas und mir am Meer, die Wochenenden verbringen wir oft in Como, wo mein Vater sie zum Malen mitnimmt, etwas, das er mit mir nie gemacht hat. Dieses Jahr haben wir beide uns zwei gleiche Dirndl angeschafft, ganz glücklich drehte sie sich vor dem Spiegel. Auch eine Vorliebe für die Küche zeigte sie schon, als sie noch kleiner war. Sie liebt es, meiner Mutter bei der «Glückspasta» zu helfen, hilft mir, wenn ich Polenta mache, und der deutschen Großmutter beim Strudel.

Wie viele Erzählungen, Erfahrungen, Mentalitäten und Traditionen wohl ihren inneren Reichtum ausmachen, jetzt und in Zukunft? Die Geheimnisse wie vieler Geschmäcker, Düfte, Produkte wird sie kennen, um wen auch immer zu verführen! Ich bin glücklich, weil ich glaube, dass meine lebhafte und intelligente Kleine nicht nur die glückliche Bewahrerin einer bunten und vielfältigen Welt von verschiedenen Geschmäckern und unterschiedlichen Lebensformen, sondern sicherlich auch offen für neue Ideen und Rezepte sein wird.

Eppure quando la guardo muoversi nei suoi mondi e passare fiduciosa dall'uno all'altro, ho la sensazione che lei si senta dappertutto a suo agio e sia più stabile e solida di quanto lo fossi io alla sua età. Magari un po' di merito è anche mio.

POLPO IN INSALATA A MODO MIO

(Puglia)

Ingredienti
1 kg di polpo fresco, prezzemolo, olio extravergine di oliva, 5–6 spicchi d'aglio, aceto di vino bianco

Preparazione
Uso un polpo di scoglio, quello con la doppia fila di ventose per tentacolo. Lo pulisco, aprendo la sacca lateralmente e svuotandola. Lo lavo con una manciata di sale grosso per eliminarne la patina scivolosa. Lo immergo tre o quattro volte in acqua bollente estraendolo e reimmergendolo fino a che i tentacoli si arricciano. Questa operazione lo rende più morbido. Poi lo metto definitivamente nella pentola a pressione con poca acqua (circa un dito). Dal momento in cui inizia a fischiare faccio cuocere per 20 minuti a fiamma bassissima. Una volta cotto nella parte superiore dei tentacoli elimino la bocca con il becco corneo e gli occhi. Lo taglio in pezzi da ¾ centimetri e lo metto in una ciotola con del prezzemolo tritato grossolanamente e dei grossi pezzi di aglio. Preparo l'emulsione di olio extravergine di oliva, aceto di vino bianco e sale e condisco lasciando insaporire per circa un'ora in frigo. Tolgo l'aglio e lo servo dopo aver riportato l'insalata a temperatura ambiente.

Vino consigliato: Verdeca

Doch wenn ich sehe, wie sie sich in ihren Welten bewegt und voller Vertrauen von einer in die andere wechselt, habe ich den Eindruck, dass sie sich überall wohlfühlt und viel stabiler und gefestigter ist, als ich es in ihrem Alter war. Vielleicht ist das auch ein wenig mein Verdienst.

KRAKENSALAT AUF MEINE ART

(Apulien)

Zutaten
1 kg frische Kraken, Petersilie, Olivenöl *extravergine*,
5–6 Knoblauchzehen, Weißweinessig

Zubereitung
Ich nehme einen Kraken, den mit der doppelten Saugnapfreihe. Ich säubere ihn, indem ich den Beutel seitlich öffne und leere. Mit einer Handvoll grobem Salz wird er gewaschen, um ihn von der glitschigen Patina zu befreien. Ich tauche ihn drei- bis viermal in kochendes Wasser, bis die Fangarme sich kräuseln. Das macht ihn weicher. Dann lege ich ihn endgültig mit wenig Wasser (ca. ein Finger breit) in den Dampftopf. Sobald der Topf anfängt zu pfeifen, lasse ich ihn auf sehr niedriger Flamme 20 Minuten weiterkochen. Sobald er gar ist, entferne ich am oberen Teil der Fangarme den Hornschnabel und die Augen, schneide ihn in 3–4 cm große Stücke und gebe diese in eine Schüssel mit Petersilie und Knoblauch, beides grob gehackt. Für die Salatsoße nehme ich Olivenöl *extravergine*, Weißweinessig und Salz, mache den Salat damit an und lasse ihn etwa eine Stunde im Kühlschrank ziehen. Den Knoblauch nehme ich heraus und serviere den Salat erst, wenn er wieder Zimmertemperatur hat.

Passender Wein: Verdeca

Vorrei abbassare il finestrino del treno per sentirlo quel profumo di mare, di pini marittimi, di zagare, di mandorli e peschi che invade l'aria e respirarlo profondamente per depurare il mio corpo e la mia mente. Ecco gli ulivi, i miei fratelli d'arte a me tanto cari ! Si susseguono piantati a scacchiera a distanze regolari con i loro rami contorti e le capigliature spettinate ancora fresche perché bagnate di rugiada. Sembrano più verdi in contrasto con la terra rossa, ancor più rossa perché umida. Sento le loro voci che mi danno il benvenuto. Al di là c'è il mare.

Eh sì, ci siamo quasi, sto proprio arrivando, che stanchezza improvvisa però !

L'aroma di salsedine e di pini marittimi inaspettatamente inizia a stuzzicare le mie narici per introdurle ai profumi più forti dei gelsomini e dei fichi maturi che si aggiungeranno uno dopo l'altro come tessere di un mosaico di odori. Eccoli qui, mamma, papà, li vedo, contenti, in mezzo a parenti e amici.

La bellissima terrazza della villa sul mare di zia Concetta, una sorella di mamma, è animata da un gran viavai di persone, il porticato incornicia il panorama di mare e palme con i suoi archi maestosi e ci protegge dal calore. In centro c'è un'enorme tavola pronta a ospitare più di cinquanta persone, le stesse che adesso stanno in fila per abbracciare mamma e papà e porgere loro bellissimi fiori e regali.

L'atmosfera è allegra e caotica, tra la tipica parlata pugliese si distinguono alcune note diverse di dialetto comasco, siamo tutti qui, nord e sud che si danno la mano, scherzano insieme e imparano a conoscersi. Sono soddisfatta, l'enorme impegno organizzativo mostra i suoi frutti e ora che tutto è in essere l'ansia lascia il

DAS BANKETT

Wie gerne würde ich das Zugfenster öffnen, um den Duft des Meeres, der Strandkiefern, Orangenblüten, Mandeln und Pfirsiche hereinzulassen, ihn tief einzuatmen, um Körper und Geist zu reinigen. Da sind sie, die in gleichmäßigen Abständen im Schachbrettmuster gepflanzten Olivenbäume, meine so liebgewonnenen Verwandten aus der Kunst mit ihren knorpeligen Ästen und dem ungekämmten, noch frisch von Tautropfen benetzten Haar. Im Kontrast zur roten, noch röteren, weil feuchten Erde, wirken sie noch grüner. Ich höre ihre Stimmen, die mich willkommen heißen. Dahinter das Meer.

Ja, wir sind gleich da, ich komme wirklich an, doch wie bin ich auf einmal müde!

Der Salzgeruch und der Duft der Strandkiefern reizen unerwartet meine Nase, um sie auf die stärkeren Wohlgerüche von Jasmin und reifen Feigen vorzubereiten, die nach und nach hinzukommen werden wie die Steinchen eines Geruchmosaiks. Und da sind sie, Mama, Papa, ich sehe sie, glücklich inmitten von Verwandten und Freunden.

Auf der wunderschönen Terrasse des am Meer gelegenen Hauses von Mamas Schwester Tante Concetta tummeln sich die Menschen, der Säulengang umrahmt mit seinen majestätischen Bögen das Panorama von Meer und Palmen und schützt uns vor der Hitze. In der Mitte steht ein riesiger Tisch, bereit, mehr als fünfzig Personen zu bewirten, all diejenigen, die in einer Reihe warten, um Mama und Papa zu umarmen und ihnen ihre herrlichen Blumen und Geschenke zu überreichen.

Die Atmosphäre ist fröhlich und chaotisch, aus dem typischen apulischen Schwatzen kann man ein paar Klänge Comer Dialekt heraushören, wir sind alle hier, Norden und Süden reichen sich die Hand, scherzen miteinander und lernen sich kennen. Ich bin zufrieden, der riesige organisatorische Aufwand hat sich gelohnt und jetzt, da alles in Gang ist, weicht die An-

posto alla stanchezza, le mie membra sono pesanti e quasi non mi riesco a muovere. Mi guardo in giro. Ecco, Barbara e Thomas stanno osservando curiosi insieme a Daniele e sua moglie un grande vassoio con frutti di mare, Thomas mi fa un cenno di saluto. Cannolicchi, ricci, cozze, vongole, noci di mare sono esposti in bella vista, le mie cugine pugliesi glieli stanno mostrando uno per uno e sicuramente li vogliono dissuadere dal provarli. « Per chi non è abituato sono pericolosi » dicono, cosa che mi sento dire anch'io da diversi anni, una raccomandazione che ignoro bellamente prima di ogni scorpacciata. Rassicurata dalla presenza di tutti i miei cari mi siedo sul dondolo e contemplo le barche del porto che al posto di galleggiare sembrano essere sospese tanto è trasparente il mare. La confusione, le urla dei nipotini che giocano, le voci stridule delle donne e quelle possenti degli uomini sono tutti rumori di fondo che mi rilassano e anche a me a occhi chiusi sembra di star sospesa, quasi di volare. Un disordinato struscio di sedie annuncia che è ora di sedersi, uno dopo l'altro i commensali si accomodano al tavolo e si dà il via ai festeggiamenti. Auguri!

C'è chi allunga la mano verso il grande vassoio di crudo di mare e prende una cozza, un cannolicchio, un riccio per portarli delicatamente alla bocca e poi succhiarli con gusto. Chi pilucca uno o due tentacoli dai polipetti crudi che ha portato zio Vito e li gusta con un « mmmh ... però ! » di approvazione. Ecco c'è anche la signora Castelli che proprio in questo momento si sta pungendo con i ricci di mare; non li conosce, non sa che bisogna fare attenzione. Zia Francesca va a prendere una pinzetta e le toglie l'aculeo da sotto la pelle.

Vista la foga e l'entusiasmo dei commensali temo che i moscardini crudi finiscano e mi affretto al tavolo, ma il buffet alla mia destra mi distrae. Pecorini,

spannung der Müdigkeit, meine Glieder sind schwer, ich kann mich fast nicht bewegen. Ich sehe mich um. Da sind Barbara und Thomas, sie betrachten neugierig mit Daniele und seiner Frau eine große Platte mit Meeresfrüchten. Thomas winkt mir zu. Schwertmuscheln, Seeigel, Miesmuscheln, Venusmuscheln, raue Venusmuscheln, alles wunderschön angerichtet, meine apulischen Cousinen verweisen auf jedes Einzelne und wollen sie bestimmt überzeugen, es zu probieren. « Für jemanden, der nicht daran gewöhnt ist, sind sie gefährlich ! », heißt es, etwas, das auch ich mich seit etlichen Jahren sagen höre, eine Empfehlung, die ich vor jeder Schlemmerei wunderbar ignoriere. Beruhigt, dass alle meine Lieben da sind, setze ich mich auf einen Schaukelstuhl und betrachte die Boote im Hafen, die statt zu schwimmen zu schweben scheinen, so durchsichtig ist das Meer. Das Durcheinander, das Geschrei der spielenden Enkelkinder, die schrillen Stimmen der Frauen und die kräftigen der Männer sind alles Hintergrundgeräusche, die mich beruhigen, und bei geschlossenen Augen scheine auch ich zu schweben, beinahe zu fliegen. Ungeordnetes Stühlerücken kündigt an, dass es Zeit ist, sich zu setzen, nach und nach nehmen die Gäste am Tisch Platz, das Fest kann beginnen. Herzlichen Glückwunsch !

Der eine streckt die Hand nach der großen Platte mit den rohen Meeresfrüchten aus und nimmt eine Muschel, eine Schwertmuschel und einen Seeigel, um sie vorsichtig zum Mund zu führen und dann mit Genuss auszusaugen. Ein anderer reißt einen oder zwei Fangarme von den rohen Kraken ab, die Onkel Vito mitgebracht hat, und genießt sie mit einem anerkennenden « Mmmmh … die sind aber gut ! » Da ist ja auch Signora Castelli, die sich gerade in diesem Moment an den Seeigeln piekst; sie kennt sie nicht und weiß nicht, dass man vorsichtig sein muss. Tante Francesca holt eine Pinzette und entfernt den unter der Haut sitzenden Stachel.

Angesichts der freudigen Erregung und der Begeisterung der Tischgäste habe ich Sorge, die rohen Moschuskraken könnten nicht reichen, und eile zum Tisch, doch das Buffet zu mei-

burrate, mozzarelle mi fanno seducenti l'occhiolino. Ah, che sorpresa! Il taleggio e lo strachitund! E già non so più se rincorrere il polipetto o fermarmi un attimo ad assaggiare il formaggio. Il buffet è una nuvola di aromi che mi irretiscono, mi disturba però un odore a me noto. Ma guarda!, cosa ci fa qui la Zuppa d'imbroglio? In ciotoline di ceramica galleggiano patate, carote e tante belle letterine. Non l'avevo certo prevista nel menu, è troppo caldo ora per mangiarla e mentre penso questo vedo la signora Castelli che porta a ognuno un piattino di pizzoccheri elogiandone il gusto e tutti vogliono assaggiarli con mia grande sorpresa.

«Giulia» sento mamma chiamare «guarda quante fortune hai nel triddo!». Indossa il suo vestito verde che tanto mi piace e mentre mi giro a guardarla vedo correrle intorno una bambina. Incredibile: sono io e quello attaccato al mio braccio è Daniele che urla «Vediamo, se ne hai più di me!». Con noi stranamente c'è anche Ludovico, il nipotino nato da pochi mesi che con mia grande sorpresa parla e dice «Anch'io le voglio!».

Mi viene da ridere, non posso credere ai miei occhi, sono davvero troppo stanca dopo quel viaggio così lungo, avrei dovuto almeno una volta dar retta a Thomas e farmi un pisolino!

Intanto a tavola vengono portate le orecchiette con le cime di rapa, la parmigiana di melanzane e la pasta con le telline. Ecco zia Antonia che mostra una tellina a degli amici di Como che la guardano divertiti. Un gruppo di comaschi vuol convincere zia Titti ad assaggiare un taleggio stagionato e lei arriccia il naso davanti a quell'aroma così invadente. Certo con il profumo di mare il taleggio non si combina proprio!

Incredula cerco Barbara per convincermi che non

ner Rechten lenkt mich ab. *Pecorino, burrata* und *mozzarella* lachen mich an. Was für eine Überraschung ! *Taleggio* und *strachitund* ! Schon weiß ich nicht mehr, ob ich zu dem Kraken laufen oder einen Augenblick stehen bleiben und den Käse kosten soll. Das Buffet umgibt eine Wolke von Aromen, die mich betören, mich irritiert allerdings ein mir bekannter Geruch. Sieh her ! Was macht denn die « Betrugssuppe » hier? In kleinen Keramikschüsselchen schwimmen Kartoffeln, Karotten und viele hübsche kleine Buchstaben. Die hatte ich im Menü bestimmt nicht vorgesehen, es ist jetzt viel zu warm dafür, und während ich noch darüber nachdenke, sehe ich Signora Castelli, die jedem einen kleinen Teller *pizzoccheri* bringt und ihren Geschmack lobt. Zu meiner großen Überraschung wollen alle probieren.

« Giulia », höre ich Mama rufen, « schau mal, wie viele Glücksbringer du im *triddo* hast ! » Sie trägt das grüne Kleid, das mir so gut gefällt, und während ich mich zu ihr umdrehe, sehe ich ein kleines Mädchen bei ihr umherlaufen. Unglaublich, das bin ja ich, und an meinen Arm klammert sich Daniele, der schreit : « Mal sehen, ob du mehr hast als ich ! » Seltsamerweise ist auch Ludovico, der vor wenigen Monaten geborene kleine Neffe, bei uns, der zu meiner großen Überraschung spricht und sagt : « Ich will auch welche ! »

Ich muss lachen, will meinen Augen nicht trauen, nach dieser langen Reise bin ich wirklich zu müde, ich hätte wenigstens einmal auf Thomas hören und ein Nickerchen machen sollen.

Inzwischen werden *orecchiette con le cime di rapa, parmigiana di melanzane* und die *pasta con le telline* serviert. Da ist Tante Antonia, die Freunden aus Como eine Tellmuschel zeigt, die sie amüsiert betrachten. Eine Gruppe Comer Freunde will Tante Titti überreden, den reifen *taleggio* zu kosten, die aber bei dessen aufdringlichem Geruch nur die Nase rümpft. Natürlich, zu Meeresduft passt er nun wirklich nicht !

Ungläubig suche ich Barbara, um mich zu überzeugen, dass

sono impazzita del tutto, ma purtroppo ho proprio la conferma del contrario. Non è possibile. È seduta sulle ginocchia di nonno Matteo. Ma come, che ci fa qui lui? Barbara imitandolo sta dividendo i piselli dalla pasta e lui ride, come non l'ho mai visto fare in vita sua. « Che ridere quella volta che tua madre ha provato a imitarmi ! Dovevi vedere la sua faccia quando l'ho sgridata come si meritava ! » dice. Poi la guarda severo e aggiunge : « Ma tu l'orecchio assoluto ce l'hai ? ».

Zio Salvatore, lo zio poeta, il marito di zia Francesca, una sorella di mamma, a un certo punto attira l'attenzione battendo sul bicchiere col coltello. « Cari invitati facciamo un brindisi alla nostra coppia pugliese-comasca » e legge una lunga poesia in rima che termina con un « Evviva gli sposi ! ». Tutti si alzano e tutti insieme brindano a mamma e papà emozionati. Ma ecco arrivare a tavola l'agnello di zio Pino, il ciambotto di nonno Leo e un bel tegame strabordante di polenta uncia. Io non me ne capacito : chi ha scelto il menu modificando il mio ordine? Come si fa a mangiare ciambotto e polenta uncia contemporaneamente, è una follia ! Arrabbiata grido per farmi sentire nella gran confusione, ma nessuno mi sente, grido ancora di più e ancora nessuno mi sente, tutti sembrano soddisfatti del banchetto e scambiandosi commenti e ricette gustano questo tripudio di sapori e profumi diversi. La verdura è sontuosamente innaffiata di olio d'oliva e le pietanze da un buonissimo Primitivo di Manduria, da un Gioia del Colle bianco e da un Negroamaro. Alla fine non può mancare un dolcissimo passito, l'Aleatico. Questi gloriosi vini pugliesi si alternano naturalmente a preziosi vini lombardi come il Domasino e i Franciacorta.

A me viene in mente che ho i *Weißwurst* in valigia. Come ho fatto a dimenticarmelo ! « Aspettate a portare

ich nicht völlig verrückt geworden bin, aber leider wird mir genau das Gegenteil bestätigt. Das ist unmöglich! Sie sitzt auf Großvater Matteos Schoß. Aber wie denn das, was macht der denn hier? Barbara ist dabei, ihn nachzuahmen, und trennt die Erbsen von den Nudeln und er lacht, wie ich ihn nie in seinem Leben habe lachen sehen. «Wie komisch das war, als deine Mutter damals versucht hat, mich nachzumachen! Du hättest ihr Gesicht sehen sollen, als ich sie gescholten habe, so wie sie es verdiente!», sagt er. Dann blickt er sie ernst an und fügt hinzu: «Aber hast du das absolute Gehör?»

Jetzt zieht Onkel Salvatore, der Dichter-Onkel, der Mann von Mamas Schwester Francesca, die Aufmerksamkeit auf sich, indem er mit dem Messer ans Glas klopft. «Liebe Gäste, lasst uns auf unser apulisches Paar aus Como anstoßen», sagt er und trägt ein langes Gedicht in Reimen vor, das mit einem «Ein Hoch auf das Paar!» endet. Alle erheben sich und prosten bewegt Mama und Papa zu. Aber da werden auch schon Onkel Pinos Lamm, Großvater Leos *ciambotto* und eine große Pfanne voll überquellender *polenta uncia* auf den Tisch gestellt. Ich kann es nicht fassen. Wer hat das Menü ausgesucht und meine Speisenfolge geändert? Wie kann man *ciambotto* und *polenta uncia* gleichzeitig essen, das ist Irrsinn! Wütend schreie ich, um mir in dem großen Durcheinander Gehör zu verschaffen, aber keiner hört mich, ich schreie noch lauter und immer noch hört mich keiner, sie scheinen alle mit dem Buffet zufrieden zu sein, tauschen Kommentare und Rezepte aus und genießen diese Wonne von verschiedenen Geschmäckern und Düften. Das Gemüse ist mit reichlich Olivenöl zubereitet und die Gerichte werden von einem hervorragenden Primitivo di Manduria, einem Gioia del Colle-bianco und einem Negroamaro begleitet. Am Ende darf ein süßer Likörwein, ein Aleatico, nicht fehlen. Diesen großartigen apulischen Weinen stehen selbstredend kostbare lombardische Weine wie der Domasino und der Franciacorta zur Seite.

Mir fällt ein, dass ich noch die Weißwürste im Koffer habe. Wie konnte ich die vergessen! «Wartet noch mit dem Dessert,

il dolce, ho dei *Weißwurst,* li dovete assaggiare ! » dico, e questa volta mi sentono. « Addeisch e nud ! » commenta sarcastico nonno Leo quando li vede passare. Sta facendo assaggiare al barboncino Robi un po' di passito, « La tedesca ci ha portato qualcosa, i *Weiß* come? » chiede mentre si sente qualcuno che intona una vecchia canzone di Modugno. « Sono delle salsicce tipiche di Monaco di Baviera, non si dovrebbero mangiare dopo le dodici del mattino ma ve le voglio far assaggiare lo stesso ! ». Mentre rispondo arriva un cameriere tedesco in *Lederhosen* con *Weißwurst, Brezel* e senape dolce. « *Bitte sehr* » dice mentre ne mette uno in ogni piatto e io, Thomas e Barbara mostriamo a tutti come si mangiano.

All'improvviso i commensali sono vestiti in *Lederhosen* e *Dirndl,* e una banda bavarese di ottoni approda sulla spiaggia e si mette a suonare ‹ *Marmor, Stein und Eisen bricht* ›, una canzone tedesca degli anni 60. Nessuno si meraviglia, tutti ballano contenti, anche mamma e papà. Daniele è l'unico a essere sorpreso quanto me mi chiama « Giulia, Gulia ».

Non saprò mai quello che Daniele mi voleva dire, la voce squillante dell'altoparlante che annuncia l'arrivo a Bari mi strappa via dal sogno.

Apro gli occhi, sono davvero arrivata, guardo fuori e la luce calda di Puglia mi dà il benvenuto con un sorriso.

ich habe Weißwürste, die müsst ihr probieren!», rufe ich und dieses Mal finde ich Gehör. «Sapperlot!», kommentiert Großvater Leo sarkastisch, als er sie kommen sieht. Er gibt dem Pudel Robi ein wenig von dem Likörwein. «Die Deutsche hat uns etwas mitgebracht, Weiß-was?», fragt er, während man jemanden ein altes Lied aus Modugno anstimmen hört. «Das sind typische Würste aus München, nach dem Zwölfuhrläuten sollte man sie eigentlich nicht mehr essen, aber ich möchte, dass ihr sie trotzdem probiert!» Während ich antworte, kommt ein deutscher Kellner in Lederhosen mit Weißwürsten, Brezeln und süßem Senf. «Bitte sehr», sagt er und legt eine auf jeden Teller, Thomas, Barbara und ich zeigen allen, wie man sie isst.

Plötzlich haben die Gäste Lederhosen und Dirndl an und eine bayerische Blaskapelle landet am Strand und spielt ‹Marmor, Stein und Eisen bricht›, einen deutschen Schlager aus den sechziger Jahren. Keiner wundert sich, alle tanzen glücklich, auch Mama und Papa. Nur Daniele ist ebenso überrascht wie ich und ruft: «Giulia, Giulia.»

Was er mir sagen wollte, bleibt ein Geheimnis, denn plötzlich reißt mich die Ansage des Zugbegleiters, die die Ankunft in Bari verkündet, aus meinen Träumen.

Ich öffne die Augen, ja, ich bin tatsächlich angekommen! Ich schaue hinaus und das warme Licht Apuliens empfängt mich lächelnd.

CONSIDERAZIONI FINALI

Questo mio secondo libro ‹Il sapore della vita› è una storia di emigrazione e di integrazione.

Chi mi conosce troverà alcune analogie tra la mia storia e quella di Giulia, non si tratta però di un'autobiografia, la mia vita è stata solo la base su cui ho costruito quella della protagonista. Il fatto di aver vissuto e vivere ancora oggi sulla mia pelle cosa vuol dire emigrare, mi autorizza forse a dire la mia su un tema di vitale importanza in questo momento storico in Europa quale quello dell'integrazione. Fermo restando che chi accoglie deve in tutti i modi favorire e promuovere l'integrazione dello straniero, sono altrettanto convinta che si può pensare di vivere una vita completa in un paese che non è il nostro solo cercando di farne parte il più possibile aprendosi ai suoi costumi, alle sue usanze e abitudini. Ne deriva che né il rifiuto a priori delle proprie origini, né l'autoghettizzazione e la mancanza di rispetto delle leggi, norme e cultura del paese ospitante sono soluzioni possibili.

La crescita di Giulia è stata una continua ricerca di equilibrio tra il luogo della realtà quotidiana, il settentrione, e quello del cuore, il meridione, una ricerca che si rispecchia nelle ricette che concludono ogni capitolo. Poiché «siamo quello che mangiamo» queste ricette hanno un ruolo importante nella speranza che servano al lettore per conoscere meglio Giulia e i suoi due mondi, quello soleggiato e chiassoso del Sud e l'altro più tenue e pacato del Nord. E come in cucina il piatto perfetto nasce dal giusto dosaggio e dall'esatta combinazione degli ingredienti, così la vita di Giulia non è altro che l'insieme armonioso di Nord e di Sud, di abitudini, mentalità e profumi di entrambi.

EIN PAAR GEDANKEN ZUM SCHLUSS

Mein zweites Buch ‹Der Geschmack des Lebens› erzählt von Emigration und Integration.

Wer mich kennt, wird einige Übereinstimmungen zwischen meiner eigenen Geschichte und der Geschichte Giulias entdecken, und doch handelt es sich nicht um eine Autobiografie. Mein Leben diente nur als Fundament, auf dem ich das der Hauptfigur errichtet habe. Die Tatsache, dass ich selbst erlebt habe (und es noch erlebe), was auswandern bedeutet, erlaubt es mir vielleicht, mich in einer Zeit, in der es wie nie zuvor in Europa um Integration geht, zu einem Thema von größter Bedeutung zu äußern. Unabhängig davon, dass, wer Fremde aufnimmt, auf jede erdenkliche Weise deren Integration fördern und vorantreiben sollte, bin ich davon überzeugt, dass ein Leben in einem Land, das nicht das eigene ist, nur dann erfüllt sein kann, wenn man versucht, so weit wie möglich ein Teil von ihm zu werden, indem man offen ist für seine Sitten, Gebräuche und Gewohnheiten. Demzufolge können weder die Ablehnung der eigenen Wurzeln noch Abschottung und fehlender Respekt vor den Gesetzen, Vorschriften und der Kultur des Gastlandes mögliche Lösungen sein.

Giulias Heranwachsen war gekennzeichnet von dem steten Bemühen, den Ort, an dem ihre Alltagswirklichkeit stattfand, Norditalien, mit dem Ort ihres Herzens, Süditalien, im Gleichgewicht zu halten – einem Bemühen, das in den Rezepten am Ende jedes Kapitels zum Ausdruck kommt. Weil «man ist, was man isst», spielen sie eine wichtige Rolle und tragen hoffentlich dazu bei, dass der Leser Giulia und ihre zwei Welten, die sonnige, laute des Südens und die verhaltenere, ruhigere des Nordens, besser kennenlernt. Und so wie in der Küche ein Gericht erst durch die richtige Dosierung und die ausgewogene Kombination der Zutaten perfekt wird, so ist auch Giulias Leben nichts anderes als ein harmonisches Ganzes von Nord und Süd und den dort vorherrschenden jeweiligen Gewohnheiten, Mentalitäten und Düften.

Vorrei anche puntualizzare che le ricette non sono state raccolte da libri di cucina, ma dai racconti diretti di chi quei piatti li prepara da sempre con autenticità e semplicità. I consigli dei vini si devono a due esperti, uno lombardo e uno pugliese.

‹Il sapore della vita› è un «libro familiare», nel senso che un paio di anni fa d'estate sono andata prima in Puglia e poi a Como per raccogliere impressioni, ricordi e ricette grazie alla preziosa e spontanea collaborazione di tante persone a me vicine.

Un grazie particolare va ai miei genitori e a mio fratello che hanno accettato di buon grado che utilizzassi stralci della loro vita e li modificassi secondo esigenze narrative.

Ringrazio tutti i parenti pugliesi, in special modo zio Elviro e zia Ermelinda che già mi avevano aiutata per ‹Profumo d'Italia›, per i loro contributi, le loro informazioni e ricette. E ringrazio gli amici di Como e le loro mamme che mi hanno dato quelle lombarde.

Dico grazie a Francesco Cavadini, del ristorante «Crotto dei Platani» sul Lago di Como per i vini da abbinare alle ricette lombarde e per il suo formidabile «Risotto al pesce persico». Il mio grazie va anche a Domenico Cilenti, chef pugliese del ristorante «Porta di basso» a Peschici, che mi ha segnalato i vini con cui accompagnare le ricette pugliesi.

Ringrazio di cuore la mia editor italiana Fiorenza Conte, Beatrice Heiber, lettrice della dtv e la traduttrice Ina Martens, che hanno reso possibile la realizzazione di questo progetto.

Speciale è il mio grazie a Mario, che ho assillato con idee e dubbi e che tra un brontolio e una carezza mi ha sempre sostenuta.

Ich möchte auch betonen, dass die Rezepte nicht aus Kochbüchern stammen, sondern unmittelbar den Erzählungen derjenigen entnommen sind, die die Gerichte seit jeher unverfälscht und schlicht zubereiten. Die Weinempfehlungen haben zwei Weinkenner, ein lombardischer und ein apulischer, beigesteuert.

‹Der Geschmack des Lebens› ist insofern ein «Familienbuch», als ich vor einigen Jahren im Sommer zuerst nach Apulien und dann nach Como gefahren bin, um Eindrücke, Erinnerungen und Rezepte zu sammeln, was mir dank der kostbaren und spontanen Hilfe vieler mir nahestehenden Personen auch gelungen ist.

Besonderer Dank geht an meine Eltern und meinen Bruder, die bereitwillig akzeptiert haben, dass ich Teile ihres Lebens verarbeitet und entsprechend den erzählerischen Anforderungen verändert habe.

Ich danke allen meinen apulischen Verwandten, vornehmlich Onkel Elviro und Tante Ermelinda, die mir schon bei meinem Buch ‹Ein Hauch Italien› geholfen haben, für ihre Beiträge, Auskünfte und Rezepte. Und was die Lombardei betrifft, danke ich meinen Comer Freunden und ihren Müttern.

Bei Francesco Cavadini vom Ristorante «Crotto dei Platani» am Comer See möchte ich mich dafür bedanken, dass er die passenden Weine zu den lombardischen Rezepten beigesteuert hat – und für seinen großartigen «Risotto al pesce persico». Und bei Domenico Cilenti, Chef des Ristorante «Porta di basso» in Pechici, der mir die Weine zu den apulischen Rezepten empfohlen hat.

Von Herzen danke ich meiner italienischen Lektorin Fiorenza Conte, Beatrice Heiber, der Lektorin des dtv, und der Übersetzerin Ina Martens, die die Umsetzung dieses Projekts ermöglicht haben.

Ein ganz besonderer Dank gebührt Mario, den ich mit Ideen und Zweifeln gequält habe und der mich zwischen einem Brummen und einer Liebkosung immer unterstützt hat.